NOTICE

SUR

ÉDOUARD DUCPETIAUX,

MEMBRE DE L'ACADÉMIE.

Extrait de l'*Annuaire de l'Académie royale de Belgique*,
trente-septième année, 1871.

NOTICE

SUR

ÉDOUARD DUCPETIAUX,

MEMBRE DE L'ACADÉMIE,

PAR

Théodore JUSTE.

BRUXELLES,

COMPTOIR UNIVERSEL D'IMPRIMERIE ET DE LIBRAIRIE,

Victor DEVAUX et Cie,

Rue St-Jean, 26.

——

1871

NOTICE

SUR

ÉDOUARD DUCPETIAUX,

MEMBRE DE L'ACADÉMIE,

né à Bruxelles le 29 juin 1804, décédé dans la même ville le 21 juillet 1868.

———

L'homme remarquable, dont je me propose de retracer la vie
et les travaux, appartenait à cette génération puissante et maintenant illustre à qui nous devons l'indépendance de la Belgique.
De bonne heure il appliqua la facilité merveilleuse de son intelligence à l'étude des problèmes économiques et des questions
sociales; pendant plus de quarante ans il chercha à faire et à
propager le bien, le défendant par sa polémique, l'enseignant
par ses œuvres. De nombreux écrits, tous empreints d'un vif et
sincère amour de l'humanité, assurent à M. Ducpetiaux un rang
élevé parmi les publicistes contemporains. Mais il n'était pas
seulement un savant économiste, un doux et clairvoyant phi-
lanthrope : des formes modestes et simples cachaient une âme
énergique. C'était celle d'un patriote. Malheureusement la nouvelle génération ne connaissait guère le patriote : elle igno-
rait même la part notable qu'il avait prise à la renaissance de

la Belgique. C'est ainsi qu'un des fondateurs de l'État, en apprenant le décès de notre collègue, m'écrivait : « Il vient de disparaître un homme qui a exercé sur les commencements de la révolution une influence déjà oubliée, Ed Ducpetiaux, partageant en ceci le sort de Claes, qui a peut-être fait la révolution en donnant à l'émeute du 25 août les proportions d'une insurrection nationale. » Efforçons-nous donc de donner un portrait fidèle de notre regretté collègue et de rappeler tous les titres qu'il possédait à l'attention et à la gratitude de ses concitoyens et de la postérité.

Édouard-Antoine Ducpetiaux naquit à Bruxelles, le 29 juin 1804, d'une famille notable de la bourgeoisie. Doué d'une brillante intelligence et d'une rare aptitude pour le travail, il fréquenta avec le plus grand fruit les universités de Liége, de Leyde et de Gand. Il avait à peine vingt-trois ans lorsque, le 14 juillet 1827, il obtint le diplôme de docteur en droit.

Délaissant le barreau, où il aurait pu se distinguer, il entra résolûment dans une carrière plus difficile et plus périlleuse, celle du publiciste. Un sentiment généreux l'y poussa et l'y retint.

A peine avait-il quitté les bancs de l'université qu'il publia l'ouvrage intitulé : *De la peine de mort* (1). Il s'était proposé de démontrer non-seulement la barbarie de la peine de mort, mais aussi son inefficacité.

Les adjurations du jeune écrivain étaient vraiment éloquentes. « La conservation de la peine mort, disait-il, ne peut être que funeste pour nos mœurs; ce n'est pas lorsque tout tend à les adoucir, que l'on doit continuer à nous présenter des spectacles sanglants, qui ne peuvent provoquer que l'effroi ou

(1) Bruxelles, 1827, 1 vol. in-8° de 361 pages.

l'endurcissement des cœurs. Qu'on ne s'y trompe pas : si l'on a déjà beaucoup obtenu sous ce rapport, c'est bien malgré les échafauds; s'il reste encore beaucoup à obtenir, les échafauds ne peuvent que retarder les progrès vers l'amélioration, paralyser tous les efforts, détruire même le bien obtenu..... Partout je vois dans ma patrie les motifs et les moyens de repousser les préjugés, les fausses craintes, la barbarie, de suivre l'impulsion des idées nouvelles, de la raison, de l'humanité! S'il est prouvé que la peine de mort peut être abolie sans danger, s'il est prouvé qu'elle peut être remplacée par une autre peine qui, sans participer à ses défauts, possède l'efficacité qu'on s'est plu à lui attribuer exclusivement, j'ose le dire, c'est à ma patrie qu'il appartient de frayer ici la voie aux autres nations, de fortifier par son autorité les essais faits dans d'autres pays..... Plus le gouvernement des Pays-Bas est élevé dans l'estime des citoyens et des peuples étrangers, et plus, sous ce rapport, on a droit d'exiger de son zèle et de ses lumières; exemple proposé à l'Europe entière, tout ce qui est *vérité* doit trouver en lui un partisan et un appui; gardien de notre gloire et de nos destinées, il s'est chargé d'un mandat noble et généreux qu'il ne pourrait enfreindre sans déchoir lui-même dans l'opinion universelle.... »

Le début littéraire de M. Ducpetiaux fit sensation. Nous en trouvons la preuve dans un article du *Mathieu Laensbergh* de Liége, où d'autres jeunes publicistes, réservés à une brillante et solide renommée, révélaient dès lors aussi des talents remarquables (1). Le journal liégeois disait : « C'est un ancien élève de

(1) On sait que le *Mathieu Laensbergh* (depuis *le Politique*) avait pour principaux rédacteurs MM. Paul Devaux, Joseph Lebeau et Charles Rogier.

notre université qui, l'un des premiers en Belgique, publie sur
une matière grave autre chose que ce que l'on appelle une dis-
sertation. — C'est au moment où l'importante question qu'il
examine était proposée à la fois, à Genève pour le concours de
M. de Sellon, et à Paris par la Société de morale chrétienne,
qu'un jeune Belge, mettant de côté toute espérance de succès
académique, a eu le courage d'entreprendre une tâche aussi
laborieuse, dans le seul dessein de servir l'humanité et de con-
courir à l'amélioration du code pénal que l'on prépare pour
notre pays. — Mais le livre de M. Ducpetiaux se recommande-
rait assez par son mérite sans le secours de ces considérations.
— Doué d'une grande sensibilité et d'une âme ardente pour les
intérêts de l'humanité, l'auteur, on s'en aperçoit à chaque
page, aurait pu, sans aucune peine, faire sur ce sujet une
longue et belle amplification ; sachons lui donc d'autant plus
de gré d'avoir suivi une marche plus méthodique, plus pénible, mais beaucoup plus sûre (1). »

Ce premier travail, si bien accueilli par les anciens condisci-
ples et les émules du jeune publiciste, fut bientôt suivi de l'analyse raisonnée d'une des divisions de l'ouvrage de M. Lucas
traitant du même sujet. Le résumé, dû à la plume de M. Ducpetiaux, avait pour titre : *De la justice de prévoyance, et
particulièrement de l'influence de la misère et de l'aisance,
de l'ignorance et de l'instruction sur le nombre des crimes.*
Cet écrit fut également apprécié comme une œuvre méritoire ;
mais dès lors les amis de M. Ducpetiaux voulurent pourtant le
mettre en garde contre sa manière de travailler, contre une
facilité dont il ne se défiait pas assez (2).

(1) Voir le *Mathieu Laensbergh*, numéro du 10 mai 1827.

(2) Le *Mathieu Laensbergh* (n° du 14 décembre 1827) disait :
« M. Ducpetiaux a de si excellentes intentions, on aime tant

M. Ducpetiaux fit paraître une troisième brochure sous ce titre : *De la justice de répression et particulièrement de l'inutilité et des effets pernicieux de la peine de mort.* Le *Mathieu Laensbergh* en rendit également compte, et l'auteur de l'article, M. Paul Devaux, se plut cette fois à signaler les hautes et rares qualités qui distinguaient le jeune homme laborieux et dévoué dont les loisirs étaient consacrés à l'étude des questions les plus graves et les plus difficiles.

« M. Ducpetiaux, disait-il, poursuit avec une noble constance la tâche qu'il s'est imposée. Ce n'est pas chose commune en Belgique de voir un simple citoyen se mêler ainsi à la discussion d'intérêts généraux, se créer dans l'accomplissement du bien public une mission personnelle et remplir cette mission avec une activité qui ne se ralentit pas. Si la jeune génération avait beaucoup d'hommes comme M. Ducpetiaux, tel que nous le montrent ses écrits, on pourrait espérer d'elle deux choses qui manquent si malheureusement aux hommes qui la précè-

à rencontrer un caractère comme le sien au milieu de la frivolité de Bruxelles, il pourra un jour, s'il le veut, exercer autour de lui une influence si utile, que nous ne voulons point lui épargner quelques observations critiques sur sa manière de travailler, observations qui nous sont moins inspirées par sa dernière brochure que par ce qu'il a écrit auparavant, et qui n'ont d'autre but que de le voir faire aussi bien qu'il le pourrait. En général, à notre avis, M. Ducpetiaux ne se défie point assez en écrivant de sa facilité de travail, ni de la vivacité de ses impressions; son style toujours facile est quelquefois trop abondant et souvent déclamatoire. La déclamation est naturelle aux jeunes écrivains, il en est bien peu de nous qui ne passent pas par là; mais il faut s'étudier à vaincre ce penchant. Il le faut surtout quand on traite de matières graves. Il faut même alors renoncer courageusement aux effets de style. »

dent, la gravité de l'esprit et la force du caractère. La brochure
que M. Ducpetiaux a publiée depuis celle dont nous rendions
compte dernièrement, est un nouvel effort en faveur de la
cause qu'il défend avec une chaleur d'âme si digne d'estime,
l'abolition de la peine de mort. C'est l'analyse d'une autre partie du livre de M. Lucas, mais accompagnée d'observations et
de faits extrêmement importants, que M. Ducpetiaux a puisés à
d'autres sources, et qui, dans ce moment surtout, donnent à sa
brochure un haut intérêt. Ce n'est pas, sans doute, que l'ouvrage soit exempt de défauts, que nous avons déjà remarqués.
Mais les défauts de l'écrivain résultent si évidemment de la
généreuse inquiétude avec laquelle il défend sa thèse, qu'ils le
font, pour ainsi dire, estimer davantage. Si son style a quelquefois trop de paroles, si l'on rencontre encore chez lui quelques pages un peu déclamatoires, quelques assertions exa-
gérées, quelques faits inutiles qui embarrassent plus qu'ils
n'éclairent, c'est que son zèle l'emporte, c'est qu'il craint toujours de ne pas tout dire, de ne pas être assez clair, de ne pas
émouvoir assez en faveur d'une cause qui l'a tant ému; c'est
qu'il tremble de négliger un seul fait, une seule preuve qui
puisse fortifier sa démonstration. Au reste, comme l'auteur le
dit dans sa préface, il est si prêt à passer condamnation sur la
forme en faveur du fond, qu'il y aurait injustice et futilité à
insister davantage sur cette critique (1). »

Au mois de janvier 1828, M. Ducpetiaux, dès lors infatigable, publia un quatrième écrit, et celui-ci devint l'objet d'un
incident grave. C'était à l'occasion du nouveau code pénal,
qui, prodiguant les peines et les tourments de toutes sortes,
donnait lieu à d'amères mais justes critiques. M. Asser, réfé-

(1) Voir le *Mathieu Laensbergh*, n° du 12 janvier 1828.

rendaire au conseil d'État et attaché au Département de la Justice, essaya de les réfuter. Il mit au jour son *Coup d'œil sur quelques principes de droit criminel*, où il se prononçait pour le maintien de la peine capitale. M. Ducpetiaux s'émut à son tour et protesta avec énergie contre les doctrines soutenues par l'auxiliaire et le défenseur d'un ministre impopulaire, M. Van Maanen. Il fit paraître une nouvelle brochure qu'il intitula : *Observations critiques sur l'apologie de la peine de mort, par M. C. Asser, secrétaire de la commission pour la rédaction du nouveau code pénal.*

M. Asser ayant porté plainte, la brochure fut saisie le 24 février et l'auteur poursuivi comme prévenu : 1° de faux, à cause du titre de la brochure saisie, qui semblait attribuer à M. Asser une apologie qui était bien réellement de lui, mais qu'il n'avait pas publié sous ce titre; 2° de contrefaçon partielle, pour avoir reproduit les arguments de M. Asser référendaire, dans le dessein de les réfuter; 3° d'escroquerie pour s'être servi du nom de M. Asser afin d'en imposer au public et donner à la brochure un crédit imaginaire; 4° de calomnie pour avoir exposé M. Asser au mépris et à la haine de ses concitoyens, en reproduisant son opinion et ses expressions sous le titre d'*apologie* (1).

M. Ducpetiaux adressa à la seconde chambre des États-Généraux un exemplaire de son écrit avec une pétition dans laquelle il protestait contre les poursuites dont il était l'objet. Plusieurs membres des États-Généraux, notamment MM. Charles de Brouckere, Le Hon et Donker-Curtius, prirent une vive part

(1) Cette analyse appartient à l'auteur de la brochure : *De l'administration de la justice aux Pays-Bas sous le ministère de C. F. Van Maanen* (Gand, 1830, p. 40).

2

à cet incident. Dans la séance du 8 mars, M. de Brouckere s'éleva avec véhémence contre des poursuites qu'il appelait inouïes, et annonça l'intention de demander formellement le retrait des lois d'exception du 20 avril 1815 et du 6 mars 1818 avec lesquelles on voulait tuer la liberté de la presse. M. Donker-Curtius appuya éloquemment les observations et les vœux de son collègue. « ...... Comment, disait-il, serait-il possible, d'après les règles ordinaires du droit commun, qu'un auteur fût poursuivi comme *faussaire*, comme *calomniateur*, comme *escroc* même, et qu'avant jugement on s'emparât des exemplaires de son livre, seulement pour avoir qualifié l'écrit d'un de ses concitoyens, en faveur d'une institution, ou d'une peine quelconque, comme l'*apologiste* de cette institution ou de cette peine? N'est-il donc pas reconnu qu'une *apologie* n'est qu'une *justification* ou la *défense* d'une action quelconque, d'après la définition qu'en donne le dictionnaire de l'Académie même? Et n'est-il donc pas de fait qu'on a soutenu la *nécessité*, l'*utilité* et la *justice* de la peine de mort, qu'on l'a considérée comme la plus propre, dans certains cas, à atteindre le but pénal? qu'on a cru devoir la défendre avec vigueur même, dans l'intérêt prétendu de la société? qu'on a combattu l'opinion contraire? qu'on a signalé les antagonistes de cette peine comme prêchant une doctrine dangereuse et subversive de l'ordre social? et qu'on a tâché, enfin, de jeter sur eux le blâme d'être miséricordieux envers les coupables et par là même injustes envers les victimes innocentes? Qu'on examine l'ouvrage dont il s'agit, et on y trouvera partout ces douces épithètes appliquées avec profusion à ses adversaires, dont je fais partie. Et un défenseur zélé d'une peine qu'il peut trouver juste et raisonnable, j'y consens, et qu'il peut défendre avec chaleur, j'y consens encore, crie à la *calomnie*, quand on l'appelle l'*apo-*

logiste, c'est-à-dire le défenseur de la peine de mort; il crie au *faussaire* et à l'*escroc*, quand on appelle sa défense une *apologie*, et quand on réduit son ouvrage avec des notes critiques? Où en serions-nous, Messieurs! et quelle serait la liberté de la presse, si, en vertu de nos lois, un mot déplaisant ou une expression outrée peut constituer de tels crimes ou délits? — Non, j'en suis convaincu, telle n'est pas l'intention du Gouvernement, et toute loi prêtant matière à de tels abus, sera bientôt abolie. — Et, Messieurs, si, à l'occasion de la pétition qui nous est présentée, je signale ces abus avec une chaleur particulière, on ne peut s'en étonner, quand on se souvient, que c'est moi même qui, de bonne foi, mais ouvertement et avec calme, ai combattu la peine de mort; que c'est moi-même qu'on a voulu plus particulièrement combattre en défendant cette peine et en en faisant l'apologie. J'ai été loin de m'en plaindre, car ces discussions doivent être libres de part et d'autre; mais je déplore, dès lors, que maintenant, lorsque d'autres aussi appuient cette opinion, on gêne cette liberté par des poursuites, et qu'on étouffe la discussion par des saisies inconcevables avant jugement même; et je le déplore d'autant plus que mon écrit ayant principalement provoqué celui du référendaire du Ministère de la Justice, je deviens ainsi la cause éloignée mais primaire, quoique innocente, de la poursuite d'un jeune homme qui a pu se méprendre, comme son adversaire, mais qui, certes, ne me paraît pas avoir commis ni crime ni délit, en qualifiant d'*apologie* une *défense* et une *justification chaleureuse* d'une peine encore existante, et dont on peut, sans doute, être l'apologiste, comme j'en suis l'antagoniste..... »

M. Ducpetiaux fut acquitté par la chambre du conseil et sur opposition par la chambre des mises en accusation; traduit alors du chef de contrefaçon devant le tribunal de Louvain, il fut encore acquitté.

A cette époque, M. Ducpetiaux était déjà un des rédacteurs habituels du *Courrier des Pays-Bas*, où il se rencontrait avec MM. Nothomb et Van de Weyer, qui préludaient aux glorieux services dont la Belgique devait leur être redevable un jour; avec MM. Van Meenen et Jottrand, l'un déjà vétéran de la presse libérale, l'autre plein d'ardeur et montrant, pour défendre les principes de l'opposition belge, du dévouement, du courage et de l'à-propos; avec M. Mascart, esprit droit et savant jurisconsulte; avec M. Lesbroussart, critique de premier ordre, littérateur érudit et spirituel, de cette école contemplative et distraite à laquelle appartenait La Fontaine; enfin avec ce jeune homme qui devait être enlevé si prématurément, mais qui était alors dans tout l'éclat du talent, étincelant d'esprit et de verve, maniant l'ironie avec un redoutable succès : je veux parler de M. Claes, avocat de Louvain. Ce dernier suivait la polémique journalière, tandis que M. Ducpetiaux s'occupait principalement de questions sociales ou juridiques. Toutefois, pas plus que ses collaborateurs, il ne fuyait les dangers de la politique militante.

Le 1er juillet 1828, deux jeunes Français, rédacteurs de l'*Argus*, MM. Louis Bellet et Henri Jador, avaient, en vertu de l'arrêté du 20 avril 1815, été condamnés par la cour d'assises du Brabant méridional à un an de prison pour une plaisanterie de mauvais goût dirigée contre l'impôt sur la mouture et le projet du nouveau code pénal (1). Ayant eu recours à la clé-

---

(1) Pauvre peuple, on vous pressurera, on vous pendra;

> Voilà la liberté,
> Biribi,
> A la façon de barbari,
> Mon ami.

mence royale, un arrêté du 4 octobre leur fit remise de l'emprisonnement, mais les condamna à être expulsés du royaume. Or, le 28 octobre, le *Courrier des Pays-Bas* publiait une énergique protestation sous le titre de : *Expulsion de MM. Bellet et Jador en violation de l'article 4 de la loi fondamentale.* L'auteur finissait en ces termes :

« Nous avons dévoilé un abus criant ; tant que justice n'aura pas été faite, nous reviendrons à la charge sans nous lasser. La loi fondamentale a été violée, et par le seul fait de cette violation, les étrangers sont passés, chez nous, du régime légal au régime de la haute police et des lettres de cachet ; nos propres garanties sont menacées. C'est contre cette violation que nous réclamons : espérons que nos mandataires se réuniront au monarque pour rassurer les citoyens, pour raffermir la loi, et désavouer enfin cette fraction déplorable du ministère qui, déjà chargée du poids de la réprobation publique, n'a pas craint de combler la mesure en compromettant tout à la fois la prérogative royale, la prospérité et l'honneur de la nation pour satisfaire sa lâche animosité. »

Cet article était de M. Ducpetiaux. Il a lui-même signalé les raisons qui lui avaient fait prendre la plume et les conséquences de cet acte de courage.

« Je croyais encore, dit-il, à l'existence d'un mésentendu ; je ne pouvais me faire à l'oubli de cette antique hospitalité qui, de tout temps, fit notre gloire et contribua à notre prospérité ; quinze jours s'écoulèrent, et le pouvoir persistait, et nulle voix énergique ne s'était élevée pour dénoncer la violation d'un droit sacré et garanti par notre pacte fondamental. Alors je n'écoutai plus que ma conviction, et je crus accomplir un devoir rigoureux en écrivant l'article inséré dans le *Courrier des Pays-Bas* du 28 octobre..... Je croyais avoir accompli un

2.

devoir; on me fit un crime de ma franchise. Le lendemain de l'insertion de mon article, me trouvant aux environs du Palais de justice, avec M. Coché-Mommens, imprimeur du *Courrier*, M. le juge d'instruction nous fit prier de passer à son cabinet. Sans soupçonner ce qu'on nous voulait, nous nous y rendîmes en toute confiance, et c'est là qu'on nous signifia les mandats de comparution. Mon interrogatoire fut court : d'abord la formule ordinaire, nom, prénoms, âge, profession, domicile; puis vint l'article incriminé dont je me reconnus l'auteur : tout était souligné; on n'inculpait rien en particulier, mais bien l'ensemble, la *tendance* de l'article. Je demandai au juge d'instruction de préciser l'accusation, de me dire en vertu de quel article du code ou de quel arrêté j'étais poursuivi : il parut embarrassé de cette question et se mit à feuilleter le code; j'insistai, et il me déclara enfin que c'était en vertu de l'*arrêté du 20 avril 1815, pour avoir répandu des nouvelles tendant à troubler les paisibles citoyens, cherché par mes écrits à semer la défiance contre le gouvernement de Sa Majesté, et la division parmi les habitants, troublé le bon ordre dans le royaume, offensé et injurié de hauts fonctionnaires de l'État*. Ce sont les termes du mandat de dépôt qui fut lancé sans désemparer, et en vertu duquel je fus immédiatement écroué avec M. Coché-Mommens, inculpé comme mon complice, dans la prison des *Petits-Carmes*, malgré ma protestation contre les intentions que l'on me prêtait. Le lendemain l'affaire passa à la chambre du conseil, et six jours après, le 4 novembre, la chambre des mises en accusation me renvoya devant les assises de décembre 1828, toujours du chef de l'arrêté de 1815 (1)..... »

(1) Voir *Procès de M. Édouard Ducpetiaux, auteur d'un article inséré dans le Courrier des Pays-Bas*, etc. (Bruxelles, 1829, p. 2).

Fort des consultations des divers barreaux, unanimes pour condamner la légalité de l'arrêté du 20 avril 1815, M. Ducpetiaux espéra trouver la même opinion parmi ses juges. Son espoir fut déçu. L'organe du ministère public se montra extrèmement sévère pour l'accusé. « Quel est, s'écria-t-il, l'homme impartial qui, à la lecture de cet écrit, où se rencontre presque à chaque ligne la repoussante calomnie, jointe à l'injure et à l'outrage contre le gouvernement du roi; quel est l'homme impartial qui n'éprouvera point un sentiment pénible, alors surtout qu'il saura que cette repoussante production est sortie de la plume d'un jeune citoyen, dont le premier pas dans la vie civile fut marquée par un acte de bienfaisance qui lui concilia tous les cœurs (1)?..... » Malgré les efforts de ses défenseurs, M. Kockaert, bâtonnier de l'ordre des avocats de Bruxelles, et M. Barbanson, M. Ducpetiaux fut, le 15 décembre, condamné à une année de prison et à 500 florins d'amende. M. Coché-Mommens fut acquitté. L'opinion publique se prononça vivement pour le généreux publiciste et une souscription nationale fut immédiatement ouverte comme une prostestation contre le jugement qui le frappait.

Reconduit aux Petits-Carmes, M. Ducpetiaux n'y demeura pas inactif : malgré la surveillance dont il était l'objet, il continua, pendant sa captivité, d'envoyer des articles au *Courrier des Pays-Bas.*

Condamné le 15 décembre 1828, il aurait dû être relâché le 15 décembre 1829; mais sous le prétexte que le rejet de son pourvoi en cassation datait du 27 janvier 1829, on le retint

---

(1) Le ministère public faisait allusion à l'initiative prise par M. Ducpetiaux pour venir au secours de la classe laborieuse de Bruxelles dans un moment de détresse.

sous les verroux jusqu'au 27 janvier 1830, malgré ses légitimes réclamations. Enfin, le 27, à'dix heures du matin, il sortit de la prison des Petits-Carmes après avoir payé, du produit de la souscription ouverte à ce sujet, les frais de son procès et l'amende de 500 florins. Le-jour même il adressa au *Courrier des Pays-Bas* une lettre où il se félicitait d'avoir été une des victimes de l'injustice parce qu'il avait ainsi contribué à réveiller le pays et à provoquer une réaction libérale. « Rendu à la liberté après quinze mois de captivité, affranchi de l'espèce de censure que l'on m'avait imposée comme complément à ma peine, j'éprouve, disait-il, le besoin de rendre grâce au temps pour être enfin venu à mon aide et d'exprimer ma vive reconnaissance au ministère pour l'avenir de liberté et de bonheur qu'il prépare à mon pays. Je dois l'avouer, lorsque le premier magistrat du royaume jugea à propos d'ordonner à ses agents de faire des exemples, et lorsque le hasard me désigna, avec quelques-uns de mes amis, pour être livrés aux tribunaux, j'étais loin de prévoir tout ce que cet état de contrainte momentanée devait avoir de dédommagements. Je ne voyais guère dans ces mesures acerbes que des atteintes déplorables portées à l'un de nos droits les plus précieux, je n'avais pas encore interrogé leurs conséquences probables .... En effet, la nation se serait-elle si soudainement réveillée de sa longue apathie, si nos hommes d'État avaient continué à la bercer en parant ses liens de guirlandes, au lieu de river ses fers à grand bruit sur l'enclume?... Non. — L'union des libéraux et des catholiques, cette union si féconde en résultats salutaires pour le peuple, funestes pour le pouvoir, se serait-elle consolidée de sitôt, si l'on n'avait maladroitement confondu les deux camps dans une même proscription, au lieu de continuer à les tenir en échec et à les affaiblir l'un par l'autre; si la fougue d'une Excellence ne l'avait emporté sur l'astuce de son collègue?... Non... — Voilà, certes, un progrès réel pour la nation; si pendant le même espace de temps, la position du pouvoir ne s'est pas améliorée, est-elle au moins demeurée la même?... Non. A chaque pas que l'opposition a fait en avant, il a reculé d'un pas. La course du torrent s'est accrue en raison de la résistance qu'on lui a opposée. Hier, il ne s'agissait encore que de quelques griefs : on les a méconnus; aujourd'hui, c'est du redressement de tous les griefs qu'il s'agit. Hier, ce n'étaient encore que quelques milliers de pétitionnaires qui exprimaient leurs vœux : ces vœux, on les a repoussés; aujourd'hui, quatre cent mille citoyens les reproduisent. Qu'on les repousse encore, et demain, ce sera la voix de tous les habitants de nos provinces qui s'élèvera comme la voix d'un seul homme. Ce qu'on eût peut-être accepté jadis à titre de concession, on le réclame aujourd'hui à titre de droit; on implorait hier : on demande aujourd'hui; gare qu'on n'exige demain!.... »

Cette prédiction devait bientôt s'accomplir. Sept mois après, le 25 août, Bruxelles s'insurgeait Au milieu des scènes tumultueuses de cette dramatique époque, M. Ducpetiaux eut l'honneur et le courage d'arborer le premier le drapeau brabançon, qui est devenu le drapeau belge. « Dès le premier jour des troubles, a-t-il écrit lui-même dans une note restée inédite jusqu'à présent, dès le premier jour des troubles, et lorsque les troupes néerlandaises étaient refoulées dans le haut de la ville, on arbora à Bruxelles sur plusieurs points le drapeau tricolore français. Mais cette manifestation due aux agents français qui essayaient alors d'entraîner la population fut répudiée par un cri unanime de réprobation. Accompagné d'une troupe de jeunes gens et d'ouvriers, je n'hésitai pas à abattre partout le drapeau français et à lui substituer l'ancien drapeau brabançon qui devint depuis le drapeau de la Belgique. Cette exécution eut lieu, entre autres, à l'hôtel de ville aux acclamations de toute la population qui encombrait la place. Dès ce moment, le mouvement revêtit un caractère exclusivement belge et national, qu'il a conservé depuis sans conteste et sans mélange .... Je suis resté à Bruxelles jusqu'à la veille de l'entrée de l'armée hollandaise : c'est à ce moment suprême que, m'étant rendu en parlementaire au quartier général du prince Frédéric, je fus, malgré cette qualité, fait prisonnier et envoyé sous bonne escorte en prison à Anvers. »

Les vœux de M. Ducpetiaux comme ceux de la plupart des autres patriotes n'allaient pas d'abord au delà d'une séparation administrative des deux parties du royaume. Il fallut de nouvelles fautes et surtout l'attaque de Bruxelles par les troupes royales pour enraciner dans les cœurs des Belges le désir et la volonté de se former en nation indépendante.

Pendant les jours orageux et parfois terribles du mois de septembre 1830, M. Ducpetiaux, comme il l'a dit, ne quitta point Bruxelles. Lieutenant de la garde bourgeoise, président de la *Réunion centrale,* il déploya un zèle infatigable afin de maintenir l'ordre sans ralentir le mouvement national. Lorsqu'une proclamation du prince Frédéric annonça qu'il allait marcher sur Bruxelles à la tête de ses troupes et que toute résistance serait repoussée par la force des armes, un certain nombre de patriotes se réunit à l'hôtel de ville. C'était le 22 au soir. On rédigea une adresse demandant au prince de suspendre la marche des troupes jusqu'à la solution de la question de séparation alors soumise aux États-Généraux, qui avaient été convoqués à La Haye en session extraordinaire. M Ducpetiaux s'offrit noblement pour porter cette adresse au quartier général de Vilvorde. Il partit vers onze heures du soir avec un autre jeune homme,

M. Évrard (1). Arrivés au quartier général, ils y furent arrêtés,
transportés sur-le-champ, sous bonne escorte, à la citadelle d'Anvers et mis au secret le plus rigoureux. « Le juge d'instruction,
après avoir interrogé M. Ducpetiaux, dit un de ses biographes,
lui déclara que les tribunaux civils étaient incompétents pour
le juger, et qu'il le serait sommairement par une commission
militaire. Deux jours après, on lui notifia qu'il était condamné
à être passé par les armes. Dix-huit jours durant, notre jeune et
intrépide compatriote resta privé de toutes nouvelles du dehors;
pendant les combats de septembre, l'autorité militaire ordonna
de sonner les cloches à Anvers, afin de faire accroire que les
troupes hollandaises avaient triomphé à Bruxelles; les accents
de ces cloches, l'idée que ses concitoyens et amis avaient eu à
souffrir les horreurs de la guerre, la perspective de la mort dé-
chirèrent le cœur de M Ducpetiaux; il fut en proie à des souffrances indicibles. Ce fut dans ces terribles casemates, nous dit-il
un jour en souriant, que je gagnai mes cheveux blancs (2). »

Les rigueurs de cette captivité furent enfin adoucies. M. Ducpetiaux et son jeune compagnon se trouvaient dans une chambre
de la prison des *Carmes* lorsque la porte s'ouvrit: M. Pletinckx,
un ami, un patriote comme eux, vint les embrasser. Officier
démissionnaire de l'armée des Pays-Bas, il avait pendant deux

____

(1) On lit dans une relation contemporaine : « MM. Ed. Ducpetiaux et Évrard prirent alors la résolution de se rendre au quartier
général du prince Frédéric, de désavouer au nom de la bourgeoisie
armée l'invitation d'entrer qui aurait pu être faite au prince par
quelques personnes isolées, et de demander enfin que, si le prince
voulait réellement entrer sans résistance, il eût à faire disparaître
de sa proclamation les menaces et les restrictions qui s'y trouvaient. » *Révolution belge* (Bruxelles, 1831; in-12), p. 86.

(2) *Notice biographique*, par Amand Neut, p. 11.

jours participé activement à la lutte que les insurgés sou-
tenaient à Bruxelles contre les troupes royales. Mais dans la
soirée du 25 septembre, un parlementaire étant venu, de la
part du prince Frédéric, apporter des propositions au gouvernement provisoire, Pletinckx, chargé par ce dernier de
transmettre la réponse aux avant-postes, avait été, lui aussi,
retenu prisonnier et envoyé également à Anvers (1).

Depuis deux jours Bruxelles était libre lorsque le 29 septembre, Juan Van Halen, *commandant en chef des forces
actives,* requit le gouvernement provisoire de provoquer
l'échange de MM. Ducpetiaux et Pletinckx dans les vingt-quatre
heures, menaçant, en cas de refus de la part du prince Frédéric, de fusiller tous les officiers hollandais, tombés au pouvoir
des Belges (2). Le gouvernement provisoire intima l'ordre à

(1) Ces détails sont empruntés aux souvenirs manuscrits du
général Pletinckx. Je lis dans ces mémoires que ce fut par M. Ducpetiaux que Pletinckx apprit la victoire de Bruxelles. M. Neut, cité
ci-dessus, semble donc avoir été induit en erreur.

(2)   « Quartier général, 29 septembre 1830.

« *Le commandant en chef des forces actives à MM. les Membres
du gouvernement provisoire.*

» Messieurs, je vous invite à faire connaître, sans délai, au
quartier général du prince Frédéric, qu'il faut que MM. Ducpetiaux et Pletinckx soient rendus demain matin à nos avant-postes,
en échange de deux officiers supérieurs, nos prisonniers, à son
choix.

» J'informe le prince que, s'il ne fait cet échange de suite, tous
ces messieurs seront indistinctement fusillés demain avant 9 heures.

» Je crois devoir vous informer, Messieurs, que si ma demande,
qui est appuyée par toute la brave nation belge, n'avait un
prompt résultat, je prendrais directement des mesures énergiques

Van Halen de ne pas donner suite à ses menaces et envoya un parlementaire (M. le chevalier de Gamond) auprès du prince à l'effet de traiter régulièrement de l'échange de MM. Ducpetiaux, Pletinckx et Évrard. Le prince exigeait un échange en masse. Le gouvernement provisoire rejeta cette proposition qui lui paraissait inadmissible, les combattants belges ayant fait prisonniers 120 officiers ennemis, tandis que les troupes hollandaises n'avaient qu'un petit nombre de Belges en leur pouvoir. Sur ces entrefaites, le prince Frédéric se rendit à la Haye et le prince d'Orange fut provisoirement investi du commandement de l'armée : il se montra plus accommodant et plus politique que son frère. Il fit remettre M. Ducpetiaux et ses compagnons en liberté, sous la condition de se reconstituer prisonniers à la première sommation qui leur serait faite. Le 11 octobre, ils arrivaient à Bruxelles où ils furent l'objet d'une véritable ovation.

Deux jours après, M. Ducpetiaux revenait à Anvers, chargé par le gouvernement provisoire de poursuivre les négociations pour l'échange définitif des prisonniers sur un pied équitable ; mais il échoua devant l'obstination du prince Frédéric, qui avait repris le commandement de l'armée.

La lutte nationale continuait. M. Ducpetiaux rejoignit les chasseurs dits *de Chasteler*, et fit avec eux la mémorable expédition qui aboutit à la prise d'Anvers. Grand succès bientôt suivi d'un effroyable désastre.

pour parvenir à mes fins. Veuillez me faire connaître votre résolution, afin que je puisse agir immédiatement.

» Recevez, etc.

» *Le Commandant en chef des forces actives,*

JUAN VAN HALEN. »

5

Le 27 octobre, à cinq heures du soir, M. Ducpetiaux adressait au gouvernement provisoire la lettre suivante, que le *Courrier des Pays-Bas* inséra le lendemain :

« Anvers, le 27, cinq heures du soir.

« Nous arrivons à l'instant à Anvers. On bombarde la ville; les boulets rouges, les grenades grondent partout, déjà plusieurs maisons sont en flammes; je vous écris de l'hôtel de l'ex-gouverneur, pour ainsi dire à la lueur d'un horrible incendie. C'est le général Chassé qui nous adresse ce dernier adieu; il veut que le nom hollandais soit béni jusqu'au dernier moment... Nous n'avons que quelques pièces de campagne à opposer aux canons de gros calibre: la position d'Anvers est horrible; les bâtiments de guerre qui sont dans l'Escaut commencent également à donner; les fusées à la Congrève volent; à chaque instant, on nous annonce un nouvel incendie... Nous quittons l'hôtel du gouverneur : l'incendie nous poursuit; le ciel est en feu. Le plus épouvantable des crimes se consomme, sans que nous puissions même tirer un coup de fusil. Une députation de notables d'Anvers part à l'instant pour proposer la suspension du feu jusqu'à demain matin, où l'on reprendra les conférences pour amener l'évacuation de la citadelle. »

Le bombardement d'Anvers ne fit que surexciter l'esprit patriotique. Les Belges se préparaient à nommer l'assemblée qui devait fixer leurs destinées en consolidant l'indépendance reconquise. M. Ducpetiaux, invoquant les services qu'il avait rendus et les persécutions qu'il avait souffertes, sollicita les suffrages de ses concitoyens (1). On peut regretter aujourd'hui qu'il n'ait

(1) Voir notre *Histoire du Congrès national de Belgique ou de la fondation de la monarchie belge*, 2e édition, t. Ier, p. 70.

pas figuré parmi les patriotes envoyés au Congrès national.

N'ayant pu servir la patrie dans cette immortelle assemblée, M. Ducpetiaux revint aux travaux philantropiques qui devaient remplir sa longue carrière. Le 29 novembre, le gouvernement provisoire, l'arrachant en quelque sorte à la politique militante, le nomma inspecteur général des prisons et des établissements de bienfaisance. Ces fonctions graves et délicates satisfaisaient l'ambition en même temps qu'elles répondaient à la vocation du publiciste dont les études n'avaient jamais été détournées complétement des questions auxquelles il devait désormais se consacrer plus assidûment encore.

Pendant plus de trente années M. Ducpetiaux se dévoua, avec une intelligence hors ligne et un zèle incomparable, à l'œuvre éminemment philanthropique de la réforme des prisons. Comme l'a dit un de ses coopérateurs, il professa, dès son début dans la carrière, que cette réforme, basée sur l'expiation et l'amendement, l'organisation du travail, l'éducation, l'enseignement religieux élémentaire et l'enseignement industriel, l'isolement continuel des condamnés, pouvait seul préparer leur régénération. Même après avoir quitté les fonctions actives, M. Ducpetiaux ne délaissa point la tâche à laquelle il avait voué sa vie : le publiciste continua l'œuvre de l'administrateur. De 1833 à 1865, il mit au jour, sur l'état et la réforme des prisons, et notamment sur les conditions et les progrès du système cellulaire en Belgique et dans les pays étrangers, plus de vingt écrits dont quelques-uns ont une étendue considérable.

Dans l'accomplissement de ses laborieuses fonctions d'inspecteur, M. Ducpetiaux avait pour auxiliaires une rare clairvoyance, un sens éminemment pratique, une mémoire étonnante. Je l'ai vu à l'œuvre : il faisait tout par lui-même, toujours calme, toujours infatigable. Si la réforme pénitentiaire tient une place

importante parmi les progrès accomplis en Belgique depuis
1850, c'est grâce à l'initiative et à la persévérance de M. Ducpetiaux. Le gouvernement s'associa à ses vues en transformant
les anciennes maisons de sûreté et d'arrêt dont l'état laissait le
plus à désirer et en décrétant successivement la construction
de plusieurs prisons cellulaires, dont la plus importante, celle
de Louvain, est considérée partout comme un modèle. « Si
cette institution, disait le successeur de M. Ducpetiaux, est
aujourd'hui admirée, on doit en attribuer tout le mérite au
règlement constitutif et s'incliner devant le nom de son auteur,
qui n'a besoin que de ce seul titre pour passer à la postérité. »
Comme couronnement de l'œuvre des prisons, M. Ducpetiaux
proposa le patronage des condamnés libérés afin d'assurer,
par une action protectrice et efficace, leur réhabilitation sociale (1).

Il faut signaler par-dessus tout la persévérance de M. Ducpetiaux. Jusqu'à son dernier jour il continua de défendre la
réforme pénitentiaire dont il avait été en Europe un des plus
puissants promoteurs. Il écrivait en 1865 : « On se fait encore
généralement une idée très-fausse du système cellulaire. Beaucoup se figurent que la cellule est une sorte de tombeau où le
détenu est enseveli vivant, sans consolation et sans espérance.
On peuple cette solitude de noirs fantômes que l'on évoque à
plaisir, pour dénoncer ensuite ce qu'on appelle un nouvel in-
strument de torture. Toute cette fantasmagorie disparaît au
grand jour de la réalité, et il suffit de visiter une prison où la
séparation est appliquée d'une manière convenable pour être
convaincu que ceux qui accusent la cellule ne le font que par

(1) Voir, dans les appendices, une note intéressante de M. Stevens,
inspecteur des prisons.

ignorance ou légèreté. Une étude sérieuse et approfondie, au contraire, conduit inévitablement à une conclusion tout opposée. C'est le régime de la réunion et de la promiscuité qui constitue un supplice vraiment intolérable pour les prisonniers qui ont encore conservé quelque sentiment d'honnêteté et de pudeur. Que de fois n'avons-nous pas eu l'occasion de le constater nous-même dans le cours de notre longue carrière administrative? Que de plaintes amères et de confidences poignantes n'avons-nous pas reçue! Que d'infortunés ne sont-ils pas venus nous déclarer spontanément après leur libération, que la prison commune les avait flétris et perdus à jamais! Alors notre conscience s'est révoltée et nous avons compris que l'administration ne pouvait, sans engager sa responsabilité et se rendre coupable, maintenir plus longtemps un système qui conduisait inévitablement à des conséquences aussi funestes. Est-ce à dire que le régime cellulaire ne puisse, à son tour, avoir des inconvénients et engendrer des abus? Nul ne le prétendra. Mais on peut affirmer que ces inconvénients et ces abus ne sont pas inhérents au système et que, pour les prévenir, il suffit de veiller à ce que les conditions de son application rationnelle soient strictement observées (1). »

L'éminent publiciste soutenait que l'emprisonnement séparé répondait mieux que tout autre au triple but de la peine : la répression, la prévention et l'amendement. Dans le cas même de l'abolition de la peine capitale, c'était encore l'emprisonnement séparé qui présentait toutes les conditions voulues pour la remplacer efficacement.

Avons-nous besoin de dire que M. Ducpetiaux avait conservé ses vieilles convictions sur l'inutilité et l'inefficacité de la peine

(1) *Réforme des prisons* (1865, in-8º), *passim*.

5.

de mort? Il écrivait également en 1865(1): « Lorsque, il y a près de quarante ans, au sortir de l'université et à l'entrée dans la vie active, je me rangeai à côté des adversaires de la peine de mort, on pouvait croire que, entraîné par une pensée généreuse mais irréfléchie, je m'étais engagé dans une voie périlleuse et que l'étude et l'expérience viendraient peut-être corriger de précoces entraînements, et rectifier une opinion trop précipitée. J'avoue que ce n'est pas sans une secrète anxiété que j'ai interrogé depuis et à diverses reprises ma conscience. Que m'a-t-elle dit? Étais-je dans l'erreur? Je m'empresserais de le déclarer. Cet examen sérieux, au contraire, n'a fait que confirmer mes anciennes convictions. Pendant ma longue carrière administrative, en relation fréquente pendant plus de trente-six ans, d'abord comme prisonnier, puis en qualité d'inspecteur général des prisons, avec les criminels et les employés préposés à leur garde, j'ai été à même, peut-être mieux que personne en Belgique, de constater ou de vérifier certains faits, d'apprécier les mœurs, les sentiments intimes et les dispositions de cette classe d'infortunés et de misérables qui fournit annuellement son triste contingent aux cours d'assises. Quel a été le résultat de cette étude persévérante? Le voici. Chez la plupart des grands criminels, j'ai remarqué un défaut de prévision, une sorte de passivité, parfois un grand mépris de la vie. Hommes grossiers aux passions brutales, sans notions du bien et du mal, irréligieux ou ignorant les préceptes essentiels de la religion, ils se sont précipités dans la voie du crime, pour ainsi dire tête baissée, sans s'inquiéter des conséquences; ou s'ils y songeaient, ce n'était que pour appliquer toute leur

(1) *La question de la peine de mort envisagée dans son actualité* (1865, in-8°).

astuce à déjouer la justice et à échapper aux poursuites. Une fois surpris, arrêtés et condamnés, sous le coup d'une sentence capitale, les uns perdent courage et se prennent à regretter la vie qui leur échappe; les autres se raidissent contre le jugement qui les frappe, continuent à protester de leur innocence et bravent l'échafaud. Presque tous, après avoir compté sur les chances d'impunité, se flattent, jusqu'à la dernière heure, d'obtenir une commutation de peine. Mais lorsqu'elle leur a été accordée, lorsqu'ils se représentent la prison perpétuelle avec ses privations, sa monotone uniformité et ses souffrances, ils se lamentent et se désespèrent : plusieurs même déclarent sans hésiter qu'il eût mieux valu en finir tout d'un coup et qu'on leur eût rendu service en les livrant au bourreau. Les suicides assez fréquents dans les prisons témoignent de ce désespoir et ne prouvent que trop que la crainte de la mort est impuissante pour prévenir certains forfaits. J'ai aussi voulu me rendre compte des motifs qui pouvaient déterminer les grands crimes, des bénéfices que leurs auteurs espéraient en retirer : ces motifs sont le plus souvent vulgaires ou futiles et impliquent l'ignorance, l'absence de toute notion morale, de tout frein religieux; ces bénéfices sont d'ordinaire insignifiants et attestent seulement le dénûment de ceux qui cherchent à se les procurer. L'inventaire du greffe d'une cour d'assises emporte sous ce rapport un enseignement qui appelle de sérieuses réflexions. Et c'est pour ces bagatelles cependant que des misérables risquent journellement leur vie et bravent les terribles châtiments qui les menacent! La conclusion de cette sorte d'enquête, que je pourrais appuyer de nombreux détails, c'est que la peine n'exerce par elle-même qu'une influence très-indirecte et très-faible pour prévenir les offenses les plus graves, et que la société doit chercher ailleurs les garanties susceptibles de lui donner la sécurité à laquelle elle aspire justement. »

Depuis 1827, M. Ducpetiaux a trouvé un grand nombre
de partisans; on peut même dire aujourd'hui que la cause à
laquelle il s'était dévoué dès le commencement de sa carrière
est presque gagnée. En Hollande, le gouvernement a pris l'initiative de la suppression de la peine capitale, et en Belgique,
celle-ci n'est-elle pas suspendue sinon abolie de fait (1)?

Si l'emprisonnement cellulaire et l'abolition de la peine de
mort avaient été considérés par certains esprits comme des inno-
vations dangereuses, les opinions furent, je crois, unanimes pour
approuver la création des écoles de réforme de Ruysselede, de
Beernem et de Wynghene, colonies pénitentiaires dont la cé-
lébrité est devenue européenne. La première est destinée à
500 garçons et la seconde à 300 filles; la troisième, celle de
Wynghene, a spécialement pour but de former des élèves-
mousses. Dans une intéressante monographie, M. Ducpetiaux
a nettement signalé le but de ces écoles de réforme, à l'institution desquelles il avait pris une part prépondérante : « Les

_____

(1) En proposant récemment au Corps législatif de France la suppression de la peine de mort, M. Jules Simon disait : « Elle a été
abolie dans les États du Michigan et de Rhode-Island, aux États-
Unis d'Amérique, dans les duchés d'Oldenbourg, d'Anhalt et de
Nassau en Allemagne, dans les cantons de Neuchâtel, Zurich et
Fribourg en Suisse; dans la Toscane et sur le territoire de San-
Marino en Italie. Depuis 1853, elle a été abolie dans les républiques
de la Nouvelle-Colombie et de la Nouvelle-Grenade, dans l'État
d'Indiana, dans la Moldo-Valachie, dans le royaume de Saxe, en
Portugal. Dans aucun de ces États, le nombre des assassinats ne
s'est accru. On n'invoque nulle autre chose pour maintenir la peine
de mort, que la nécessité d'empêcher la rébellion et les assassinats,
et il est prouvé par les faits que la peine de mort n'empêche rien.
Elle est également inutile à la sûreté publique et à la sûreté particulière. »

jeunes indigents, mendiants et vagabonds, acquittés et condamnés, étaient, dit-il (1), jadis enfermés dans les prisons et
les dépôts de mendicité où leur nombre augmentait rapide-
ment, et où ils étaient exposés à tous les dangers de la promiscuité. D'après un relevé fait en 1848, 4,598 enfants en 1845,
8,800 en 1846, et 13,049 en 1847 avaient passé à divers
titres par les lieux de répression : c'était un total de 26,247
infortunés que la société semblait repousser de son sein. En
présence de ce fait désolant, on comprit la nécessité de recourir
à des mesures énergiques pour arrêter l'envahissement du
paupérisme, et arracher cette masse de pauvres enfants à l'influence des causes qui, en perpétuant leur dégradation et leur
misère, exposaient la société à des périls incessants et la con-
damnaient à des sacrifices de plus en plus considérables. Mû
par cette pensée, le Département de la Justice fit préparer un
projet de loi pour la réforme des dépôts de mendicité et la
création d'écoles spéciales de réforme destinées à donner asile
aux jeunes indigents, mendiants et vagabonds, et à les sous-
traire ainsi au contact dangereux et flétrissant des condamnés
et des reclus adultes dans les lieux ordinaires de détention. »
Honneur à ceux qui sont parvenus à transformer en ouvriers
laborieux et rangés ces milliers de vagabonds malfaisants!

M. Ducpetiaux fut aussi le promoteur de la réforme des maisons d'aliénés en Belgique. Dès 1852, il appelait l'attention du
gouvernement sur cette importante question, et lui soumettait
un projet de loi relatif au traitement et à la séquestration des
aliénés.

En 1841, le gouvernement appela M. Ducpetiaux dans la

---

(1) *Exposé de la situation des écoles de réforme de Ruysselede, de
Wynghene et Beernem* (1849-1858), in-4°, p. 2.

Commission centrale de statistique qu'il venait d'instituer. Là, comme partout, le zélé publiciste se distingua par une utile fécondité. Les bulletins de la Commission centrale montrent à la fois l'importance de ses investigations et le fruit qu'il savait tirer de recherches et de calculs dont le vulgaire ne voit que l'aridité.

Ces travaux, quelque accablants qu'ils fussent parfois, ne parvenaient pas à rassasier l'activité de notre collègue. Agrandissant son horizon, M. Ducpetiaux publia, en 1843, un ouvrage considérable sur la condition physique et morale des jeunes ouvriers, et les moyens de l'améliorer (1). Après avoir traité de la condition physique des ouvriers dans divers pays et particulièrement de celle des enfants employés aux travaux industriels, l'auteur s'occupait de leur condition intellectuelle et morale et proposait les mesures qu'il croyait utiles pour améliorer cette condition. Selon lui, il était impossible de fonder, comme quelques-uns le voudraient, l'œuvre de l'amélioration de la classe ouvrière exclusivement sur l'assentiment et le concours désintéressé des chefs d'industrie. Il demandait donc que l'État, comme représentant la société tout entière, prît l'initiative de cette œuvre et la menât à bonne fin; seulement l'État devrait à son tour pouvoir compter sur l'appui, non pas de tous les industriels, ce serait une espérance vaine, mais d'une fraction notable d'entre eux qui, par son exemple, attirerait successivement le grand nombre après elle. Parmi les mesures spéciales qui étaient proposées pour l'amélioration des jeunes ouvriers, on remarquait les suivantes : L'instruction *obligatoire* pour les enfants des deux sexes jusqu'à l'âge de

(1) Deux vol. in-8° (Bruxelles, 1843).— Nous avons rendu compte de ce livre dans la *Revue nationale de Belgique*, t. X.

15 ans, sauf les exceptions à déterminer ; la défense d'admettre aucun enfant, avant l'âge de 10 ans accomplis, dans une fabrique, mine, usine ou atelier quelconque ; le travail pour les enfants de 10 à 15 ans, limité à 6 heures par jour et à 12 heures pour les ouvriers de 15 à 21 ans ; l'interdiction du travail de nuit jusqu'à l'âge de 21 ans révolus et la défense absolue d'admettre dans le travail souterrain des mines des personnes du sexe féminin ; l'intervention de l'autorité supérieure dans les contrats d'apprentissage à passer entre les chefs d'ateliers et les enfants ; la surveillance des fabriques, usines, mines et ateliers par des agents de l'autorité supérieure qui seraient investis du pouvoir de visiter ces établissements à toute heure du jour et de la nuit, lorsque les travaux sont en activité.

Sans vouloir entrer dans la discussion des détails de ce plan de réformes, bornons-nous à répéter que la nouvelle publication de M. Ducpetiaux prenait dignement sa place à côté des ouvrages que l'auteur avait successivement écrits depuis quinze ans, sur la peine de mort, sur les prisons, sur l'instruction primaire. C'était toujours le même dévouement à l'humanité, le même esprit de progrès, la même élévation de sentiments, et toujours aussi une activité désintéressée qui aimait les tâches laborieuses et les accomplissait avec amour et conscience.

Comment énumérer ici tous les écrits que l'éminent publiciste fit paraître et toutes les missions qu'il accepta dans l'intérêt des classes laborieuses ? Nous respecterons la vérité en affirmant que rien, dans le domaine de la bienfaisance ou de la philanthropie, ne s'accomplissait qu'avec son concours ou par son initiative. « Il a tout étudié, écrivait un de ses meilleurs biographes (1), tout comparé dans toutes les langues et dans

(1) Notice biographique par M. le vicomte de Melun dans le *Contemporain*.

tous les pays, et publié sur chaque sujet des idées sages, pratiques, également éloignées de la sécheresse et de l'utopie.... La
liste de ses livres et de ses brochures forme le catalogue le plus
complet d'une bibliothèque d'économie charitable et sociale,
où se trouvent exposés et résolus les plus difficiles et les plus
intéressants problèmes de notre temps. »

Créateur, en 1845, de l'agence des subsistances qui rendit
des services incontestables à la classe laborieuse de Bruxelles,
membre du conseil communal, visiteur des pauvres, plus tard
délégué aux congrès internationaux de bienfaisance, qui se tin-
rent successivement dans la capitale de la Belgique, à Francfort-
sur-le-Mein et à Londres, M. Ducpetiaux ne faillit pas un jour
à la haute et généreuse mission qu'il s'était imposée. Parlant
plus tard, au nom des classes ouvrières, et rappelant les im-
menses services de M. Ducpectiaux, un chef d'atelier, sorti par
sa laborieuse persévérance des rangs populaires, M. Dauby, ac-
tuellement régisseur du *Moniteur*, disait éloquemment: « L'existence tout entière de cet homme de bien, sa haute intelligence,
son cœur dévoué, ses remarquables aptitudes furent, pour
ainsi dire, consacrées d'une manière exclusive à l'amélioration
de la condition physique, morale et intellectuelle des travail-
leurs, vers laquelle il avait porté les plus ardentes facultés de
son âme. »

Le 11 janvier 1847, l'Académie royale de Belgique s'était
associé M. Ducpetiaux en qualité de correspondant de la classe
des lettres et des sciences morales et politiques. Le 4 mai 1859,
il était élu membre titulaire. Depuis le 16 février 1856, il
appartenait aussi comme membre correspondant à l'Institut de
France.

Parlerons-nous du dévouement avec lequel M. Ducpetiaux
remplissait ses devoirs académiques ? Il était assidu aux

séances, prenait une part importante aux discussions, enrichissait presque sans relâche et le recueil des Bulletins et celui des Mémoires. C'était un excellent collègue, doux, courtois, loyal, mais peu communicatif, ou, pour mieux dire, constamment absorbé. Jamais nous ne l'avons vu, ce travailleur incomparable, sans qu'il eût la plume ou le crayon à la main. Tout en suivant les discussions ou les lectures, il ne quittait pas de l'œil l'épreuve qu'il corrigeait ou la note qu'il rédigeait en venant à la séance. L'amour inné d'une tâche incessante formait comme le trait distinctif de sa personnalité.

En 1850, la classe des lettres couronnait le mémoire dans lequel notre regretté confrère recherchait les causes du paupérisme qui avait désolé les Flandres et indiquait les moyens de porter remède à cette situation. Six ans plus tard, M. Ducpetiaux obtenait un succès plus éclatant : l'ouvrage intitulé *Budgets économiques des classes ouvrières*, lui valut le premier rang dans la répartition du prix quinquennal des sciences morales et politiques. Ce livre avait deux parties (1). La première se composait d'une suite de tableaux où l'auteur avait résumé, avec beaucoup d'intérêt, et en y ajoutant les explications nécessaires, les renseignements recueillis et coordonnés par la commission centrale de statistique. La deuxième partie était plus spécialement l'œuvre de M. Ducpetiaux. Celui-ci n'avait épargné aucun effort pour éclaircir, autant qu'il dépendait de lui, un des plus graves problèmes de notre temps. Que se proposait-il ? D'établir l'intime corrélation qui existe entre les subsistances, les salaires et l'accroissement des populations; de rechercher les remèdes qui, combinés plutôt qu'appliqués iso-

(1) Nous en avons rendu compte dans l'*Indépendance belge*, 18 août 1855 et 5 janvier 1856.

4

lément, pourraient déterminer dans la condition des classes ouvrières une amélioration sensible et écarter de la société des dangers redoutables. Cette vaste question, M. Ducpetiaux l'avait traitée d'une main ferme et avec le désir sincère d'opérer quelque bien. On pouvait ne pas admettre toutes ses conclusions pas plus que l'excellence et l'efficacité de tous les remèdes qu'il préconisait; on pouvait différer avec lui sur bien des points, mais on devait rendre hautement justice à la droiture de ses intentions et à son vif amour de l'humanité.

Depuis plusieurs années les questions légales qui se rattachaient à l'administration de la charité entretenaient des controverses ardentes, où, de part et d'autre, se révélaient des convictions inflexibles. Le cabinet, formé par M. De Decker, le 30 mars 1855, avait inscrit dans son programme : *Liberté de la charité*, mais aussi *garanties sociales* contre les abus éventuels de cette liberté. C'était une transaction entre deux systèmes également absolus, et le projet de loi sur les établissements charitables, présenté par M. A. Nothomb, le 29 janvier 1856, devait avoir pour but de la réaliser. Selon un publiciste catholique, il laissait à la charité officielle toutes ses attributions et toutes ses prérogatives, mais plaçait à côté d'elle la charité privée, comme un puissant auxiliaire contre les ravages du paupérisme.

On sait quel fut le sort de cette œuvre.

Le cabinet de M. De Decker fit place à un ministère purement libéral.

M. Ducpetiaux avait assisté, avec une vive émotion, à ces diverses péripéties. Au mois de novembre 1858, il publia le plus important de ses nombreux ouvrages : *La question de la charité et des associations religieuses en Belgique.* « Ce mémoire, disait-il, ne devait paraître qu'après le jugement du jury du

concours pour lequel il avait été spécialement rédigé. Il a été
transmis, imprimé, mais sans nom d'auteur, au jury désigné
pour juger le concours sur la question de la charité, ouvert par
le congrès international de bienfaisance de Francfort-sur-le-
Mein, dans sa session de 1857. L'annonce faite dans la séance
d'ouverture des Chambres législatives, le 9 novembre, de la
prochaine présentation d'un projet de loi ayant pour but de
faire cesser les divergences d'opinions auxquelles a donné lieu
la rédaction de l'article 84 de la loi communale, me détermine
à devancer la décision du jury. Si j'ajournais en effet la publication de mon livre, je courrais le risque d'arriver trop tard et
de perdre le fruit des efforts que ma conscience me commande
de faire pour déterminer, s'il est possible, une solution équitable, rationnelle et vraiment libérale de la question de la charité. »

Bien qu'il n'eût jamais effacé de sa mémoire les principes
d'union qui servirent de fondements à la Belgique indépendante, M. Ducpetiaux avait pendant longtemps, comme membre
actif de diverses associations libérales, comme un des créateurs
et rédacteurs de l'*Observateur*, même comme défenseur, à
une certaine époque, de l'université libre de Bruxelles, il avait
été pendant longtemps, disons-nous, regardé comme apparte-
nant notoirement au parti dont il allait maintenant signaler
les tendances, selon lui, dangereuses et funestes. Ce changement
ne s'opéra point brusquement; il ne fut pas déterminé non plus
par des préoccupations égoïstes.

En écrivant librement le livre sur la *Question de la charité
et des associations religieuses*, en publiant ce travail qui devait
avoir un très-grand retentissement, M. Ducpetiaux suivit l'impulsion de sa conscience, il obéit à des convictions, que ses
antagonistes avaient certainement le droit de déplorer, mais

que tout homme loyal doit respecter. Il ne nia point d'ailleurs
la transformation que l'on signalait en lui, mais il l'expliquait
et la justifiait (1). Il soutenait, au surplus, que, dans toutes les
phases de sa longue carrière, il était resté fidèle à cette *union*
qu'il avait personnellement contribué à fonder et qui avait pré-
paré les voies à la résurrection nationale.

« Ce que j'étais avant 1830, disait-il au fort de la lutte, je
le suis encore aujourd'hui : on me traînait alors devant la Cour
d'assises pour avoir défendu le droit d'asile et protesté contre
le régime d'exclusion et d'intolérance qui pesait sur nos provinces; on me cite aujourd'hui à la barre du parti libéral pour
avoir osé défendre la liberté de la charité et essayé de ramener
dans les voies de la justice et de la tolérance les esprits égarés
par de vaines terreurs ou d'aveugles préjugés. Les années se

(1) Il écrivait notamment, en 1865, à un journal influent (et nous
devons lui laisser la responsabilité de ces paroles trop acerbes): « Je
n'ai pas non plus la prétention, comme vous le dites, Monsieur,
d'avoir seul, dans le parti libéral, gardé intactes mes anciennes convictions. Quelques libéraux sont restés ce qu'ils étaient jadis, des
rationalistes et des libres penseurs : il m'est permis de les plaindre
de cette immobilité et de cette obstination dans l'erreur, sans cependant mettre en doute leur sincérité. Il en est d'autres qui, malheureusement, ont oublié ou renié leurs principes anciens, et qui,
d'unionistes qu'ils étaient avec moi pendant les premières années
qui ont suivi la révolution, sont devenus depuis intolérants et
exclusifs. C'est de ces hommes que je me suis séparé, lorsqu'il m'a
été démontré que, tout en invoquant la liberté et les *droits de la
raison*, ils travaillaient à empêcher les autres d'user de cette liberté
et de *raisonner* et de croire à leur façon. Quand cette démonstration
m'est apparue claire et évidente, étayée sur des actes contre lesquels protestait ma conscience, j'ai spontanément abandonné
l'*Alliance* et toute autre association du même genre. »

sont écoulées, la génération ancienne, incessamment décimée,
fait place à une génération nouvelle : au sein de cette transformation qui s'étend aux hommes et aux choses, j'en appelle à
mes vieux compagnons restés comme moi fidèles à leurs principes : en est-il un seul qui affirmera que j'aie trahi la noble
cause pour laquelle jadis nous avons combattu et triomphé
ensemble (1) ? » A Dieu ne plaise que nous reprochions à
M. Ducpetiaux d'avoir renié la cause qu'il soutenait en 1850 !
Mais on peut et on doit dire qu'il n'était plus en 1858 ce qu'il
était dix années auparavant.

Quelle que soit d'ailleurs l'opinion que l'on professe sur la conduite politique de M. Ducpetiaux, il est impossible, répétons-le,
de nier que cette conduite fut exempte de toute pensée servile
comme il est impossible encore de ne pas rendre un éclatant
hommage au talent éminent que révèle l'ouvrage sur la charité
ainsi qu'à la puissante activité que l'auteur mit désormais au service de la cause dont il se constituait le défenseur.

Parmi les plus redoutables contradicteurs de M. Ducpetiaux
se trouvait l'homme d'État qui avait énergiquement affirmé ses
convictions dans le livre ayant pour titre : *La mainmorte et la
charité.* M. Ducpetiaux, lui aussi, se garda d'obscurcir le but
qu'il voulait atteindre.

« La position pour ainsi dire privilégiée où je me trouve me
donne le droit, déclarait-il, m'impose le devoir d'intervenir dans
un débat qui touche aux problèmes les plus graves, aux intérêts
les plus sacrés. Ce débat s'envenime et menace de se prolonger
au détriment des classes souffrantes auxquelles il eût fallu son-
ger avant tout et que l'on oublie de plus en plus ; il a dégénéré

_____

(1) Voir *Question de la charité*, préface de la 2e édition et la
brochure ayant pour titre : *La conciliation des partis en Belgique.*

4.

en une véritable lutte de parti à laquelle il est plus que temps
de mettre un terme, si l'on ne veut s'exposer aux plus tristes
conséquences. On méconnaît les intentions les plus pures, les
services les plus réels et les plus désintéressés; on attaque l'influence et l'action religieuses, là surtout où elles sont nécessaires
et exemptes de tout danger; on ne se borne pas seulement à ac-
cuser les œuvres les plus utiles, on va jusqu'à calomnier leurs
agents les plus dévoués. En présence de ce déchaînement de
préjugés aveugles et de passions haineuses, le silence serait une
lâcheté dont, pour ma part, je ne veux pas être coupable. Je
proclame donc sans hésiter la nécessité de reconnaître, de favo-
riser les fondations charitables particulières, parce que le bon
sens m'enseigne et que l'expérience m'a convaincu que l'assistance légale seule ne peut suffire pour satisfaire à tous les besoins, et qu'il faut éviter de lui donner une extension qui con-
duirait inévitablement au système de la taxe des pauvres et à la
reconnaissance du droit au secours. Je défends les associations
religieuses, les couvents, si l'on veut, parce que dans un pays
catholique les Frères et les Sœurs sont les auxiliaires indispen-
sables, non-seulement de la charité privée, mais encore de la
bienfaisance publique. •

Encouragé par des voix éloquentes, parmi lesquelles il faut
signaler l'adhésion motivée d'un des plus grands prédicateurs
du siècle (1), M. Ducpetiaux demeura inébranlable. Il prit avec
lui-même la résolution de soutenir jusqu'à son dernier souffle
les opinions religieuses, politiques et sociales qu'il avait fini par
embrasser avec tant d'ardeur et de solennité.

Après avoir, en 1861, dénoué les liens officiels qui le ratta-

_____

(1) Voir dans les appendices la lettre inédite du père Lacordaire.

chaient au gouvernement (1), M. Ducpetiaux se rendit en Italie
et fit un assez long séjour à Rome. Revenu en Belgique, il con-
sacra toutes ses forces à l'organisation d'un congrès catholique
international. Le projet qu'il avait conçu, de concert avec
M. Moeller, professeur à l'université catholique de Louvain, et
M. B. Dumortier, membre de la Chambre des représentants,
il réussit à l'exécuter après deux années d'efforts laborieux.
Il assuma la tâche écrasante de secrétaire général du congrès,
et sut la remplir avec cette énergie contenue, cette persévérance invincible, cette forte placidité qui étaient les traits dis-
tinctifs de son caractère (2).

Le premier congrès, solennellement ouvert à Malines le
18 août 1863, réalisa et au delà les espérances de son promoteur. Plus de quatre mille personnes assistèrent aux séances,

(1) On lisait dans le *Moniteur belge* du 30 mai 1861 :

« Par arrêté royal du 26 mai 1861, la démission de ses fonctions
» d'inspecteur général des prisons et des établissements de bien-
» faisance donnée par M. Ducpetiaux est acceptée.

» M. Ducpetiaux est admis à faire valoir ses droits à la pension
» et autorisé à porter le titre d'*inspecteur général honoraire des pri-
» sons et des établissements de bienfaisance.* »

(2) Un de ceux qui ont pu mesurer la grandeur de ses travaux écrivait : « Jamais je n'ai rencontré qu'en lui seul cet empressement
à s'emparer de ce qu'il y avait de plus difficile, de plus aride et de
plus obscur dans une tâche pour en laisser tout le brillant à ses collaborateurs; cette façon de prendre pour lui la fatigue, le travail et
la responsabilité, et de laisser à d'autres la vanité et l'éclat exté-
rieur, ce tact, cette délicatesse, cette habileté à ménager, à servir,
à concilier les amours-propres et les prétentions de toute espèce. La
charité et le zèle du bien inspiraient à cet homme si simple de véri-
tables prodiges de diplomatie. Il mettait à s'effacer lui même autant
d'habileté que l'on en met ordinairement à se produire. »

laïcs et prêtres, accourus de toutes les contrées catholiques. « Je
viens, disait le comte de Montalembert, au sein de l'heureuse
Belgique, de cette nation si restreinte dans ses dimensions ma-
térielles, dans ce qu'on peut appeler son corps, mais la plus
grande de toutes par son âme, puisqu'elle est la plus libre de
l'Europe; j'y viens goûter la charmante plénitude des facultés
sociales, politiques et morales de l'homme, délivrées de toute en-
trave tracassière ou égoïste, et soumises uniquement au frein
de la conscience et du respect des honnêtes gens pour eux-
mêmes... »

Les deux sessions qui suivirent, en 1864 et en 1867, mirent à
une nouvelle et forte épreuve l'activité et la patience de M. Ducpetiaux. Il était l'âme de ces assises catholiques, leur organisateur,
leur historien. Un hommage éclatant lui fut rendu à cet égard
par ses coopérateurs, qui voulurent aussi lui laisser un souvenir
durable des services qu'il avait rendus. En répondant à leurs
félicitations le 17 janvier 1865, il leur disait : « Fatigué, ma-
lade, à la suite d'un labeur qui a absorbé ma jeunesse et mon
âge mûr, parvenu presque au terme de ma carrière terrestre,
Dieu m'a fait la grâce de me permettre de consacrer ce qui me
reste de forces au triomphe des principes sur lesquels reposent
l'ordre, le progrès, le bien-être et le salut de la société. Cette
grâce, je veux m'efforcer de m'en rendre de plus en plus digne.
Nous avons commencé, pour atteindre ce but, une grande œuvre
que nous poursuivrons ensemble, je l'espère, et que ceux qui
viendront après nous tiendront à honneur de perpétuer, en per-
sévérant dans la voie que nous leur avons ouverte Quant à moi,
je prends ici l'engagement solennel de lui rester fidèle jusqu'à
mon dernier jour. J'ai lutté, dès avant 1850, pour le droit et la
vraie liberté. Mes convictions sont restées les mêmes. Soldat de
la noble phalange catholique, je mourrai sur le champ de ba-

taille, heureux d'avoir pu contribuer, pour ma faible part, à la défense de vos plus chers intérêts. »

On peut affirmer que M. Ducpetiaux épuisa sa vie pour consolider et perpétuer l'œuvre qui était, depuis 1861, sa préoccupation dominante. « Je ne puis croire, disait l'éminent évêque d'Orléans, que l'œuvre du congrès périsse avec lui. » Et cependant elle ne lui a pas survécu : depuis qu'il n'est plus, les portes du congrès de Malines ne se sont plus rouvertes.

M. de Montalembert ne dépassait pas le but lorsqu'il exaltait le pays où, à dix-huit années d'intervalle, on voyait le congrès libéral proclamer, à l'hôtel de ville de Bruxelles, son programme, que saluaient aussi des milliers de voix, et le congrès de Malines s'efforcer de régénérer, pour les rendre formidables, les adversaires des principes promulgués en 1846.

M. Ducpetiaux était déjà atteint du mal auquel il devait succomber lorsque, à la séance publique de la classe des lettres du 9 mai 1867, il monta à la tribune pour donner lecture d'un important travail sur la *question ouvrière*. Il précisait, avec une remarquable lucidité, fruit d'une longue expérience, le problème que soulève cette grave et redoutable question. « Elle n'est pas, disait-il, d'origine récente, elle a surgi dès l'abolition de l'esclavage et du servage, avec l'avénement de la classe laborieuse proprement dite. Revêtant des formes diverses, selon les temps et les circonstances, elle a donné lieu à de consciencieuses études et à des débats intéressants et animés, mais sans jamais avoir été résolue de manière à satisfaire tous les intérêts et à répondre à tous les besoins. »

Ce précieux écrit fut, à certains égards, le testament politique de l'éminent publiciste. Malgré la maladie dont il portait les traces trop visibles sur ses traits affaissés, il continua pourtant de suivre les séances de l'Académie aussi longtemps que ses forces le lui permirent. Il ne gardait d'ailleurs aucune illusion sur son état et se préparait à quitter cette terre, heureux du bien qu'il avait pu faire à ses semblables. Soutenu par l'actif dévouement d'une épouse digne de lui, consolé par la religion, il supporta avec un calme admirable de longues souffrances. Le 21 juillet 1868, il s'éteignit paisiblement à l'âge de 64 ans.

Selon le vœu qu'il avait formellement exprimé, quelques amis seulement accompagnèrent sa dépouille mortelle jusqu'au cimetière de Laeken. C'est là que repose parmi les siens l'un de ces hommes d'élite dont on peut dire avec justice qu'ils ont bien mérité de la patrie. Paix et honneur à leur mémoire!

Théodore JUSTE.

APPENDICES.

I.

Parmi les notices qui ont déjà paru sur M. Ducpetiaux et que nous avons pu consulter, nous devons mentionner : l'article nécrologique inséré dans le *Journal de Bruxelles* du 25 juillet 1868; *Édouard Ducpetiaux*, par V. d. B dans les *Études religieuses, historiques et littéraires*, nᵒ d'août 1868; *M. Éd. Ducpetiaux*, notice biographique par Amand Neut, extrait de la *Revue générale*, liv. d'août 1868; *M. Éd. Ducpetiaux*, notice biographique par le vicomte de Melun, extrait du *Contemporain*.

II.

« ...Nous venions de nous mettre au lit ; tout à coup la porte
de notre prison s'ouvrit, le concierge parut, une lanterne à la
main, et introduisit M le procureur du roi, qui nous annonça
que dès le lendemain, six heures du matin, nous serions mis en
liberté ; il ajouta que le prince d'Orange cédait aux sollicita-
tions de plusieurs personnes influentes, mais que, pouvant être
désapprouvé par son frère, dont il exerçait le commandement
momentanément, il exigeait qu'au sortir de la prison, nous
nous rendissions chez lui (le procureur du roi), afin d'y signer une
déclaration qui devait rester entre ses mains, par laquelle nous
nous engagerions sur l'honneur à nous reconstituer prisonniers
dans le cas où le prince Frédéric nous rappellerait. Cela se fit le
lendemain, mais je tins copie de la déclaration, et l'on verra quel
usage j'en fis dès notre retour à Bruxelles. Avant de nous quitter, le procureur du roi (M. Mesdach) demanda encore qui de
nous était *Pletinckx*, et lui ayant répondu que c'était moi, il
me dit : « Monsieur, vous vous rendrez, au sortir d'ici, auprès
du prince d'Orange ; il m'a chargé de vous dire qu'il voulait
vous parler. »

. . . .

« Je rejoignis Ducpetiaux et Evrard, et nous partîmes tous
trois pour Bruxelles. Notre première démarche fut de nous
rendre au gouvernement provisoire. Nous fûmes embrassés et
félicités par les membres qui s'y trouvaient dans ce moment. Je
ne saurais citer tous ceux qui étaient là, cependant je puis

affirmer que le comte de Mérode et De Potter étaient du nombre. Je racontai à quelles conditions nous étions revenus et je fis voir la copie de la promesse laissée entre les mains de M. Mesdach ; l'on nous dit, De Potter, je pense : « Vous ne devez point retourner alors même que le prince Frédéric vous rappellerait.» Nous protestâmes de l'engagement pris sur l'honneur et que nous retournerions si l'on nous y obligeait. Cependant, ajoutais-je, il dépend de vous, Messieurs, de rendre cette promesse illusoire. Donnez-moi vos signatures en blanc; je vais faire élargir de la prison des Carmes un nombre égal d'officiers hollandais ; je leur ferai signer une semblable promesse, que je viendrai vous remettre, et alors, s'il plaît au prince de nous rappeler , vous exigerez le retour de ces officiers, les uns répondront pour les autres. Ces messieurs me donnèrent des blancs seings, je fis élargir quatre au lieu de trois officiers et remis leurs promesses au gouvernement provisoire. Dès lors, nous étions entièrement rassurés et certains de conserver notre liberté.... »

—

III.

NOTE SUR LA RÉFORME PÉNITENTIAIRE, ETC.

M. Éd. Ducpetiaux fut nommé inspecteur général des prisons le 29 novembre 1850, fonctions qu'il occupa jusqu'à la fin du mois de mai 1861, époque à laquelle il fut admis à la pension. Il apporta dans ces fonctions cette fiévreuse activité et cette judicieuse et féconde initiative qui changèrent la face de l'administration en supprimant les nombreux abus existants et en donnant aux lieux de détention cette organisation admirable qui lui valut une si légitime renommée, tant en Belgique qu'à l'étranger.

Il se montra dans ses actes et dans ses nombreux et remarquables écrits l'antagoniste acharné du vieux système d'emprisonnement, et ne cessa de considérer les prisons communes comme des foyers de corruption et des écoles de perversité.

Il professa, dès son début dans la carrière, que la réforme des prisons basée sur l'expiation et l'amendement; l'organisation du travail des condamnés, l'éducation, l'enseignement religieux, élémentaire et industriel, l'isolement des condamnés de jour et de nuit, pouvaient seuls préparer leur régénération.

Enfin il proposa comme couronnement de l'œuvre des prisons la réorganisation du patronage des condamnés libérés, dont l'action protectrice devait assurer la réhabilitation sociale qui seule peut donner des garanties contre la récidive.

Il publia, sur l'état et la réforme des prisons, et notamment sur les conditions et les progrès du système cellulaire en Belgique et dans les pays étrangers les travaux suivants :

Rapport sur l'état des prisons en Belgique, sur les améliorations qui y ont été introduites depuis la révolution et sur la nécessité de l'application du système pénitentiaire; 1835, broch. in-8°.

Rapport sur l'organisation du quartier des jeunes détenus à Saint-Bernard; 1854, broch. in-8°.

De la réforme pénitentiaire dans la Grande-Bretagne. — Le Bridewell de Glasgow; 1856, broch. in-8°.

De la réforme pénitentiaire aux États-Unis. — Le Pénitentier de Philadelphie; 1857, broch. in-8°.

Des progrès et de l'état actuel de la réforme pénitentiaire et des institutions préventives aux États-Unis, en France, en

Suisse, en Angleterre et en Belgique, avec plans ; 1857-1858, 3 vol. in-18.

Mémoire sur l'établissement de la maison pénitentiaire centrale pour les jeunes délinquants, à Saint-Hubert; 1840, broch. in-8º.

Mémoire à l'appui du projet de loi sur les prisons, présenté à la Chambre des représentants de Belgique, dans la séance du 3 décembre 1844, avec un appendice et trois plans de prisons cellulaires ; 1845, 1 vol. in-8º.

Rapports des commissaires chargés de la direction et de la surveillance de la prison de Pentonville; traduits des rapports officiels anglais ; 1844-1848. 2 broch. in-8º.

Description et plans de la prison cellulaire de Pentonville à Londres, avec atlas ; 1847, broch. in-4º.

Enquête et rapport sur le travail dans les prisons et les dépôts de mendicité de Belgique ; 1848, petit in-4º.

Notice statistique sur la maison pénitentiaire des jeunes délinquants, à Saint-Hubert, province de Luxembourg. (Extrait du tome V du *Bulletin de la commission centrale de statistique*) ; 1851, in-fol.

Statistique des prisons de Belgique. Période de 1841 à 1850. (Extrait du *Résumé de la statistique décennale du royaume*) ; 1 vol. in-4º.

Statistique des prisons de Belgique. Période de 1851 à 1855. (Extrait du *Recueil statistique*, publié par le département de l'intérieur) ; 1 vol. in-4º.

Des libérations préparatoires et conditionnelles comme complément de l'application du système de l'emprisonnement cellulaire. (Extrait du tome XIX du *Bulletin de l'Académie royale de Belgique*) ; 1852, broch. in-8º.

Avant-projet de loi sur le régime des prisons; exposé des motifs

et notices sur l'application du régime de l'emprisonnement
. séparé en Belgique et dans les pays étrangers ; 1854 ; petit
in-fol.

Notice sur la prison cellulaire de Bruchsal (grand-duché de
Bade). — Des libérations conditionnelles en Angleterre ;
1855, broch. in-8°.

Des conditions d'application de l'emprisonnement séparé ou
cellulaire. Mémoire présenté à l'Académie royale des sciences,
des lettres et des beaux-arts de Belgique, avec plan ; 1857,.
1 vol. in-8°.

Notice statistique sur l'application de l'emprisonnement cellulaire en Belgique ; 1857. (Extrait du *Moniteur belge*, reproduit dans le tome II du compte rendu des débats du congrès
international de bienfaisance de Francfort-sur-le-Mein, session de 1857); broch. in-4°.

Du patronage des condamnés libérés. Mémoire présenté à
l'Académie royale de Belgique ; 1858, broch. in-8°.

La colonisation pénale et l'emprisonnement cellulaire. (Extraits
de la *Revue britannique*, édition belge) ; 1860-1861, 5 vol.
in-18.

Architecture des prisons cellulaires. — Étude d'un programme
pour la construction des prisons cellulaires ; 1863, 1 vol. in-8°.

Statistique des prisons de Belgique. Période de 1851 à 1860.
(Extrait du *Rapport décennal sur la situation du
royaume*) ; 1 vol. in-4°.

Réforme des prisons. — Système cellulaire ; 1865, broch. in-8°.

Le gouvernement s'associa aux vues éclairées de M. Ducpetiaux en décrétant successivement la construction de plusieurs
prisons cellulaires. On commença la transformation par les
maisons de sûreté et d'arrêt suivantes dont l'état laissait le plus
à désirer.

Prisons des femmes, à Bruxelles. . . .		105 cellules.
Maison de sûreté, à Liége.		261	—
— d'arrêt, à Tongres		42	—
— — à Marche		19	—
— — à Dinant		42	—
— — à Verviers		58	—
— — à Charleroi. . . .		105	—
— — à Courtrai		105	—
— — à Hasselt		73	—
— de sûreté à Anvers		514	—
— — à Bruges		565	—
— — à Gand		525	—
— d'arrêt, à Termonde . . .		161	—

1,973 cellules.

Ces établissements reçurent une organisation spéciale en rapport avec leur destination d'après des règlements particuliers réglant diverses parties du service Ces règlements témoignent de la philanthropie éclairée de M. Ducpetiaux et de ses vastes connaissances théoriques et pratiques du service des prisons.

Mais l'œuvre était encore incomplète. L'application du régime cellulaire aux maisons de sûreté et d'arrêt ne pouvait vider le débat entre les défenseurs des divers systèmes d'emprisonnement ni satisfaire les généreuses aspirations du promoteur du régime cellulaire en Belgique, car le régime de la séparation, comme celui de la promiscuité, rencontre dans la pratique trois genres d'emprisonnement : préventif, répressif et pénitentiaire. Or, l'expérience ne se poursuivait jusque-là que vis-à-vis de l'emprisonnement préventif et répressif par la transformation des maisons de sûreté et d'arrêt. Elle vint se compléter par la

construction de la maison pénitentiaire cellulaire à Louvain, qui
fut occupée le 1er octobre 1860, et destinée à recevoir 600 condamnés à plus d'un an de captivité, sans distinction de peines
(travaux forcés, réclusion, brouette, emprisonnement, détention), à l'exception des condamnés à perpétuité, sauf dans le
cas de commutation préalable.

Le règlement de cet établissement est un véritable code sur
la matière; c'est le mieux compris qui existe; on ne saurait
désormais se dispenser de le consulter pour l'organisation d'un
établissement pénitentiaire.

Si cette institution est aujourd'hui admirée, on doit en attribuer tout le mérite au règlement constitutif et s'incliner
devant le nom de son auteur qui n'a besoin que de ce seul titre
pour passer à la postérité.

Il nous est impossible de rapporter ici les résultats avanta-
geux et remarquables obtenus dans les diverses parties du service; nous nous bornerons à signaler que jusqu'ici la population
de la maison pénitentiaire de Louvain a été formée de 72 p. $^0/_0$
de récidivistes qui, après leur libération, n'ont plus donné que
6,50 p. $^0/_0$ de récidives, c'est-à-dire une diminution de 65 p $^0/_0$
en faveur de l'emprisonnement individuel

Nous invoquerons en faveur de l'organisation du pénitencier
de Louvain le témoignage d'un homme qui s'est acquis une
réputation bien méritée. Nous voulons parler du lieutenant-
colonel F. Jebb, inspecteur général des prisons anglaises, l'organisateur du pénitencier cellulaire de Pentonville. Il visita
Louvain en 1862, et inscrivit au livre des visiteurs la note suivante :

« J'ai vu beaucoup de prisons, mais je n'ai jamais eu la
» bonne fortune d'en voir une égale à celle-ci. J'ai éprouvé la
» plus grande satisfaction en trouvant la discipline de l'empri-

5.

» sonnement cellulaire, si réellement et si complétement pra-
» tiquée. »

STEVENS.

Louvain, le 29 juillet 1868.

———

IV.

LETTRE DU P. LACORDAIRE A M. DUCPETIAUX A PROPOS DE
L'OUVRAGE : *La Question de la charité.*

Sorèze, 25 février 1859.

Monsieur,

Vous avez bien voulu m'envoyer, avec une épigraphe de votre
main, votre excellent ouvrage sur la *Question de la charité
en Belgique.* J'en ai déjà lu une partie, et je m'empresse, en
vous remerciant, de vous féliciter à la fois sur le fond et sur la
forme de votre travail. La liberté de la charité est la liberté
même du cœur de l'homme en même temps qu'elle est la liberté
de sa foi et de ses devoirs, et il faut que la tyrannie ait fait de
grands progrès dans notre siècle pour qu'elle puisse être con-
testée. Vous l'avez, Monsieur, défendue avec science et talent;
vous avez apporté à cette cause, qui est celle de Dieu et des
pauvres, une expérience consommée, un savoir remarquable,
un style simple, clair, animé, et par dessus tout, la conviction
d'une âme sincèrement chrétienne et libérale. Les passions
d'un libéralisme faux résisteront longtemps encore à votre
thèse; mais tôt ou tard, la lumière se fera sur l'Europe, le
christianisme et la liberté s'y embrasseront comme le frère et
la sœur d'un même père, et vous aurez l'honneur d'avoir pré-

paré cet avenir par quelques paroles éloquentes. Si quelques catholiques aussi ne vous approuvent pas, parce qu'ils craignent la liberté presque autant que la redoutent les faux libéraux, vous vous consolerez de ne pas obtenir leurs suffrages en pensant que la désapprobation de ceux que l'on sert ajoute au mérite de les servir.

Veuillez agréer ma reconnaissance du livre et de l'envoi, ainsi que l'hommage des sentiments de haute considération, etc.

Fr. Henri-Dominique Lacordaire,
des Frères prêcheurs.

—

V.

ACADÉMIE ROYALE DE BELGIQUE.

CLASSE DES LETTRES.

—

Séance du 6 août 1860.

M. le secrétaire perpétuel donne communication de la lettre suivante, qu'il a reçue de M. Ducpetiaux, l'un des membres de la classe :

« Je possède une bibliothèque assez considérable qui renferme une section d'ouvrages et de documents concernant l'économie sociale. Cette collection, réunie depuis de longues années dans les divers pays, est, je pense, l'une des plus complètes qui existent en ce genre; je n'en connais pas, du moins, de semblable dans les bibliothèques publiques et particulières que j'ai visitées, et dont j'ai parcouru les catalogues, en France,

en Angleterre, en Allemagne et en Belgique. Il serait à regretter qu'elle fût dispersée. Pour la conserver dans son intégrité,
et donner en même temps à l'Académie un témoignage d'estime et d'attachement, j'ai inséré dans mon testament, en date
du 5 de ce mois, déposé chez Me Rommel, notaire à Bruxelles,
la disposition suivante :

« Je lègue à l'Académie royale des sciences, des lettres et des
» beaux-arts de Belgique, les ouvrages de ma bibliothèque con-
» cernant l'économie politique, le droit pénal et les prisons, les
» établissements de bienfaisance, l'éducation et l'instruction,
» l'hygiène, la statistique, à condition d'en conserver l'en-
» semble et de l'accroître successivement au moyen de bons
» ouvrages analogues, de manière à former une section spé-
» ciale de publications embrassant toutes les branches de l'éco-
» nomie sociale. »

» Bien que cette disposition ne doive recevoir d'exécution
qu'après ma mort, je ne me considère dès à présent que comme
le dépositaire du legs que je fais à l'Académie; je continuerai
à le gérer avec soin, et les accroissements qu'il pourra recevoir
augmenteront successivement sa valeur. Si d'ailleurs l'Académie
jugeait à propos de prendre à ce sujet quelque mesure conser-
vatrice, je me tiens à sa disposition.

» Veuillez, Monsieur le secrétaire perpétuel, donner con-
naissance de ce qui précède à l'Académie, et agréer l'assurance
de mes sentiments respectueux et dévoués. »

De vifs applaudissements accueillent cette lecture, et de cha-
leureux remercîments sont adressés à M. Ducpetiaux pour le don
qu'il fait à l'Académie et qu'elle reçoit avec reconnaissance.

(*Bulletins de l'Académie*, 2e série, t. X, pp. 351 et suiv.)
Cette disposition n'a pas encore pu être exécutée.

CATALOGUE GÉNÉRAL ET CHRONOLOGIQUE

DES OUVRAGES

publiés par M. DUCPETIAUX.

———

De la peine de mort, 1827 ; 1 vol. in-8°.

De la justice de prévoyance et particulièrement de l'influence de la misère et de l'aisance, de l'ignorance et de l'instruction sur le nombre des crimes, 1827; broch. in-8°.

De la justice de répression et particulièrement de l'inutilité et des effets pernicieux de la peine de mort, 1827; 1 vol. in-8°.

Critique de l'*Apologie de la peine de mort*, de *M. C. Asser*, secrétaire de la commission pour la rédaction du nouveau code pénal, 1828; broch. in-8°.

Des caisses d'épargne et de leur influence sur la condition des classes laborieuses, 1830 ; broch. in-8°.

Des moyens de soulager et de prévenir l'indigence et d'éteindre la mendicité, 1832; broch. in-8°.

De l'état des aliénés en Belgique, et des moyens d'améliorer leur sort; extrait d'un rapport adressé au Ministre de l'intérieur, suivi d'un projet de loi relatif au traitement et à la séquestration des aliénés, 1832; broch. in-8°.

Rapport sur l'état des prisons en Belgique, sur les améliorations qui y ont été introduites depuis la révolution, et sur la nécessité de l'introduction du système pénitentiaire, 1833; broch. in-8°.

Hygiène des prisons et des établissements de bienfaisance. — Lettre adressée à MM. les rédacteurs des *Annales d'hygiène publique et de médecine de Paris*, 1833 ; broch. in-8°.

De la situation actuelle des colonies agricoles en Belgique (168e livraison de la Revue encyclopédique). Décembre 1833; broch. in-8°.

Rapport sur l'organisation du quartier des jeunes détenus à Saint-Bernard, 1834; broch. in-8°.

Statistique des tribunaux et des prisons de la Belgique. — Comparaison entre la criminalité et la moralité des provinces flamandes et des provinces wallonnes, 1834; broch. in-8°.

Des modifications à introduire dans la législation relative aux enfants trouvés en Belgique, 1834; broch. in-8°.

John Hopkins. Notices élémentaires d'économie politique, à l'usage des classes ouvrières; traduit de l'anglais de Mme Marut, 1834; 1 vol. in-8°.

Statistique de la peine de mort en Belgique, en France et en Angleterre, 1835; broch. in-8°.

Statistique comparée de la criminalité en France, en Belgique et en Allemagne. — Résumé des documents officiels, 1835; broch. in-8°.

Compte rendu de la situation financière et des travaux de la Société pour l'instruction primaire et populaire à Bruxelles, pendant l'exercice 1834, 1835; broch. in-8°.

Statistique de la peine capitale en Belgique, en France, en Angleterre et en Prusse, 1835; broch. in-8°.

Du système d'emprisonnement solitaire aux États-Unis. Pénitencier de Philadelphie, 1835; broch. in-8°.

Rapport sur l'organisation du quartier des jeunes détenus à Saint-Bernard. Sans date.

Almanach belge, adopté par la Société pour l'instruction primaire et populaire, et publié dans la *Bibliothèque des communes, des écoles et des familles;* années 1834, 1835, 1836 et 1837; 4 vol. in-18.

Résumé du compte de l'administration de la justice criminelle en Belgique, pendant les années 1831 à 1834, 1836; broch. in-8°.

Maisons d'aliénés à York. — La retraite. — L'asile. 1836; broch. in-8°.

Maisons de refuge pour les jeunes libérés et les enfants pauvres en Angleterre, 1836; broch. in-8°.

De la réforme pénitentiaire dans la Grande-Bretagne, 1836; broch. in-8°.

Du système d'emprisonnement solitaire aux États-Unis. Péniten- cier de Philadelphie, 1837; broch. in-8°.

Des sociétés de tempérance aux États-Unis et en Europe, 1837; broch. in-8°.

Du progrès et de l'état actuel de la réforme pénitentiaire et des in- stitutions préventives aux États-Unis, en France, en Suisse, en Angleterre et en Belgique, 1837-1838; 3 vol. in-18.

De l'état de l'instruction primaire et populaire en Belgique, comparé avec celui de l'instruction en Allemagne, en Prusse, en Suisse, en France, en Hollande et aux États-Unis, 1838; 2 vol. in-18.

Rapport de la commission nommée par le conseil central de salu- brité publique sur l'état des habitations de la classe ouvrière à Bruxelles, 1838; broch. in-8°.

Rapport fait au conseil de salubrité publique, sur les règlements pour la petite voirie de la ville de Bruxelles, 1838; broch. in-8°.

Quelques mots sur l'état actuel de l'instruction primaire en Belgi- que et sur la nécessité de l'améliorer, 1839; broch. in-8°.

Rapport fait au conseil central de salubrité publique, sur le ba- layage et l'entretien de la propreté des rues et des places publi- ques de Bruxelles, 1838; broch. in-8°.

Mémoire sur l'établissement du pénitentier central pour les jeunes délinquants, 1840; broch. in-8°.

Rapport de la commission chargée par le Ministre de la justice de proposer un plan pour l'amélioration de la condition des aliénés en Belgique. — Enquête sur l'état actuel des aliénés avec plans et pièces à l'appui (rédigée avec le concours de MM. les docteurs Guislain et Benquelle), 1842; 1 vol. petit in-fol.

Du sort des enfants trouvés en Belgique. — Résumé de l'enquête faite par le Département de la Justice. (Extrait du tome Ier du *Bulletin de la commission centrale de statistique de Belgique*), 1843; broch. in-4°.

Analyse des comptes de l'administration criminelle en Belgique ;
1826-1839. (Ibid.) 1843; 1 vol. in-4°.

Des décès dans la ville de Bruxelles, considérés dans leurs rapports
avec la population. (Ibid., t. II), 1843; broch. in-4°.

Du travail des enfants dans les mines et les houillères de la Grande-
Bretagne et de la Belgique, et de son influence sur leur santé.
(Extrait des *Annales d'hygiène publique et de médecine légale de*
Paris), 1843 ; broch. in-8°.

De l'intempérance et de l'ivrognerie dans la classe ouvrière (Extrait
du *Trésor national*), 1843; broch. in-8°.

Notice sur la colonie agricole de Mettray, près de Tours, 1843;
broch. in-8°.

De la condition physique et morale des jeunes ouvriers et des
moyens de l'améliorer, 1843 ; 2 vol. in-8°.

Analyse de l'enquête ordonnée par le parlement anglais sur le travail des enfants dans les mines, 1843, broch. in-8°.

De la mortalité à Bruxelles, comparée à celle des autres grandes
villes. — Mémoire adressé à l'administration communale et au
conseil central de salubrité de Bruxelles; avec carte, 1844; 1 vol.
in-8°.

Le paupérisme en Belgique. — Causes et remèdes, 1842 ; broch.
in-8°.

Projet pour la construction aux environs de Bruxelles d'un quartier
modèle, spécialement destiné à des familles d'ouvriers ; avec
plans de l'architecte Cluysenaer, 1844 ; broch. in-4°.

Mémoire à l'appui du projet de loi sur les prisons, présenté à la
Chambre des représentants de Belgique, dans la séance du 5 décembre 1844, avec un appendice et trois plans des prisons cellulaires, 1845; 1 vol. in-8°.

Rapport adressé au conseil central de salubrité publique de
Bruxelles, sur le ramonage des cheminées et le remplacement des
jeunes ramoneurs par des appareils mécaniques, 1846; broch.
in-8°.

Rapport au conseil central de salubrité sur l'établissement des
marchés couverts à Bruxelles ; avec plans, 1846 ; broch. in-8°.

Notice sur l'agence centrale des subsistances établie à Bruxelles pendant l'hiver de 1845-1846 ; broch. in-18.

De la boulangerie et de la boucherie de la ville de Bruxelles. Moyens de régulariser et d'abaisser le prix du pain. — Mémoire adressé au conseil communal de Bruxelles, 1846 ; in-8°.

Relevé du recensement de la ville de Bruxelles, 1846 ; broch. in-8°.

Projet d'association financière pour l'amélioration des habitations et l'assainissement des quartiers habités par la classe ouvrière à Bruxelles, accompagné de plans et de devis. — Mémoire adressé au conseil communal et au conseil central de salubrité publique de Bruxelles, 1846 ; 1 vol. in-8°.

Observations sur l'état des écoles primaires communales et sur les améliorations dont elles seraient susceptibles, adressées au conseil communal de Bruxelles, 1846 ; broch. in-4°.

Notice sur la colonie agricole d'Ostwald, près de Strasbourg, suivie d'une note sur les colonies agricoles, les écoles de réforme et les maisons de refuge dans les pays étrangers, 1847 ; broch. in-8°.

Rapports des commissaires chargés de la direction et de la surveillance de Pentonville ; traduit des rapports officiels anglais, 1844-1848 ; 2 broch. in-8°.

Projet de bases pour les délibérations du congrès pénitentiaire assemblé à Bruxelles les 20, 21, 22 et 23 septembre 1847 ; broch. in-8°.

Compte rendu des debats du congrès pénitentiaire de Bruxelles, 1847 ; 1 vol. in-8°.

Des institutions de prévoyance et des sociétés de secours mutuels, 1847 ; broch. in-8°.

Description et plans de la prison cellulaire de Pentonville, à Londres, avec atlas, 1847 ; broch. in-fol.

Projet de règlement organique pour les bureaux de bienfaisance, 1847 ; broch. petit in-fol.

Projet de règlement pour les comités de charité, le service de santé des indigents et l'administration des secours à domicile dans les villes, 1847 ; broch. petit in-fol.

6

Exposé de la question de la misère et du paupérisme en Belgique, et spécialement dans les Flandres, 1847 ; broch. in-8°.

Enquête sur la condition des classes ouvrières et sur le travail des enfants en Belgique. — 3e vol. Rapport de la commission instituée par arrêté royal du 7 septembre 1843 (rédigé avec le concours de M. Aug. Visschers), 1848 ; 1 vol. in-8°.

Enquête et rapport sur le travail dans les prisons et les dépôts de mendicité en Belgique, 1848 ; petit in-4°.

Mémoire sur l'organisation des écoles agricoles de réforme , soumis à M. le Ministre de la justice, 1848 ; broch. in-8°.

Rapport et projet de règlement sur les cimetières, 1848 ; broch. in-8°. (Extrait des *Annales du conseil central de salubrité publique de Bruxelles*.)

Projet de réforme administrative, 1848 ; broch. in-12.

Position du problème de l'organisation du travail, 1848 ; broch. in-12.

Organisation d'un service médico-rural Rapport adressé au conseil central de salubrité publique de Bruxelles. (Extrait des *Annales du conseil central de salubrité publique de Bruxelles*), 1849 ; broch. in-8°.

Organisation du service médical des indigents à domicile. Projet de règlement. (Ibid.), 1850 ; broch. in-8°.

Assainissement des quartiers et amélioration des habitations de la classe ouvrière en Belgique, en Angleterre et en France. (Extrait des *Annales du conseil central de salubrité publique de Bruxelles*) , 1849; broch. in-8°.

Mémoire sur le paupérisme dans les Flandres (couronné par l'Académie royale de Belgique, 1850 ; 1 vol. in-8°.

Notice sur les fermes-hospices des deux Flandres. (Extrait du t. IV du *Bulletin de la commission centrale de statistique*) , 1851; broch. in-4°.

Programme pour la construction et l'ameublement des hôpitaux cantonnaux et projet de règlement pour ces établissements. (Rapport adressé au conseil central de salubrité publique), 1849; broch. in 8°.

Colonies agricoles, écoles rurales et écoles de réforme pour les indigents, les mendiants et les vagabonds, et spécialement pour les
enfants des deux sexes, en Suisse, en Allemagne, en France, en
Angleterre, dans les Pays-Bas et en Belgique. Rapport adressé à
M. le Ministre de la justice, 1851; 1 vol. in-4° avec plans.

Rapports sur les écoles agricoles de réforme de Ruysselede et de
Beernem, avec plans, 1850-1857; petit in-fol.

Notice statistique sur la maison pénitentiaire des jeunes délinquants
à Saint-Hubert, province de Luxembourg. (Extrait du t. V du
Bulletin de la commission centrale de statistique), 1851; broch.
in-4°.

Instruction publique, sciences, lettres et beaux-arts en Belgique.
(Extrait du *Résumé de la statistique décennale du royaume*) , 1841-
1850; 1 vol. in-4°.

Institutions de bienfaisance de la Belgique. Résumé statistique
(ibid.); 1 vol. in-4°.

Statistique des prisons de la Belgique (ibid.); 1 vol. in-4°.

Esquisse d'un projet de loi sur l'assistance publique et privée, 1851;
broch. in-8°.

Des libérations préparatoires ou conditionnelles envisagées comme
complément de l'application du système d'emprisonnement cellulaire. (T. XIX du *Bulletin de l'Académie royale de Belgique*),
1852; broch. in-8°.

De l'institution du bureau de l'avocat des pauvres en Sardaigne
(ibid.), 1852; broch. in-8°.

Résumé des institutions du conseil général de santé d'Angleterre
relatives au drainage et ou nettoyage des villes et de l'intérieur des
habitations, 1853; broch. in-8° avec figures.

De l'amélioration des habitations de la classe ouvrière en Angleterre, 1853; broch. in-8° avec planches.

Rapport de la Commission chargée de la révision de la législation
organique des dépôts de mendicité, 1853; broch. in-8°.

Exposé des motifs et avant-projet de loi relatifs à la prévention et
à la répression de la mendicité et du vagabondage, 1853; 1 vol.
petit in-fol.

Premier et deuxième rapports de la commission permanente d'inspection des établissements d'aliénés (rédigés avec le concours de MM. les docteurs Guislain et Sauveur), 1853-1854 ; 2 vol. in-8°.

Avant-projet de loi sur le régime des prisons; exposé des motifs et notice sur l'application du régime de l'emprisonnement séparé en Belgique et dans les pays étrangers , 1854; petit in-fol.

Budgets économiques des classes ouvrières en Belgique; subsistances, salaires, population, 1855 ; 1 vol. in-4°.

Notice sur la prison cellulaire de Bruchsal (grand-duché de Bade). Des libérations conditionnelles en Angleterre, 1855; broch in-8°.

Amélioration des habitations d'ouvriers. — Rapports du conseil supérieur d'hygiène publique et de la commission permanente des sociétés de secours mutuels, 1855 ; broch. in-8°.

Compte rendu des débats du congrès international de bienfaisance de Bruxelles. Session de 1856, 1857; 2 vol. in-8°.

Musées permanents d'économie politique et d'hygiène, 1857 ; broch. in-8°.

Statistique des prisons de la Belgique. Période de 1851 à 1855. (Extrait du *Recueil statistique publié par le Département de l'Intérieur*), 1857 ; 1 v. in-4°.

Des conditions d'application du système de l'emprisonnement séparé ou cellulaire. — Mémoire présenté à l'Académie royale des sciences , des lettres et des beaux-arts de Belgique, avec plan , 1857; 1 vol in-8°.

Notice statistique sur l'application de l'emprisonnement cellulaire en Belgique, 1857 ; broch. in-4°.

Compte rendu des débats du congrès international de statistique de bienfaisance de Francfort-sur-le-Mein. Session de 1807. (Rédigé avec le concours de M. le docteur Varrentrapp.) 1858. 2 vol. in-8°.

Du patronage des condamnés libérés, 1858 ; broch. in-8°.

Exposé de la situation des écoles de réforme de Ruysselede , de Wynghene et de Beernem. 1849-1858. 1 vol. in-4°.

La question de la charité et des associations religieuses en Belgique, 1858 ; 1 vol. in-8°. 1re édition.

Idem. 2e édition. 1859.

Notice sur les établissements d'aliénés des Pays-Bas, 1859 ; broch. in-8°.

Règlement de la maison pénitentiaire cellulaire de Louvain, 1859 ; broch. in-8°.

Rapports du conseil supérieur d'hygiène publique. 1856-1860. 2 vol. in-8°.

La colonisation pénale et l'emprisonnement cellulaire. Extrait de la *Revue britannique*. 1860-1861. 3 vol. in-18.

De l'association dans ses rapports avec l'amélioration du sort de la classe ouvrière ; mémoire lu à la séance publique de la classe des lettres de l'Académie royale de Belgique, 1860 ; broch. in-8°.

Les partis en Belgique à propos des prochaines élections. Lettres adressées au *Journal de Bruxelles* par un ministre de 1830, 1859 ; broch. in-8°.

La réforme électorale en Belgique, 1860 ; broch. in-8°.

Mission de l'État ; ses règles et ses limites, 1861 ; broch. in-8°.

Rapport sur deux mémoires reçus au concours de 1861, en réponse à : Quelles sont les applications utiles et pratiques du principe de l'association pour l'amélioration du sort des classes ouvrières et indigentes ? (Extrait du *Bulletin de l'Académie royale de Belgique*, 2e série, t. XI, n° 5). 1861.

La question romaine. Résumé et solution, 1862 ; broch. in-8°.

Les vrais et les faux libéraux, par un catholique libéral ; 1re et 2e édition, 1863 ; broch in-8°.

Architecture des prisons cellulaires. Étude d'un programme pour la construction des prisons cellulaires, accompagnée d'un plan , 1863 ; broch. in-8°.

Assemblée générale des catholiques en Belgique. 1re session à Malines en 1864, — 1865 ; 2 vol. in-8°.

La charité et l'amélioration de la condition des classes ouvrières, 1865 ; broch. in-8°. (Extrait de la *Revue générale*.)

Réforme des prisons. Système cellulaire, 1865; (Ibid)

La peine de mort envisagée dans son actualité, 1865 ; (Ibid.)

Expositions ouvrières à Londres.

Les ordres monastiques et religieux, 1865 ; 1 vol. in-12.

La conciliation des partis en Belgique, 1866 ; broch. in-8°. (Extrait de la *Revue générale*.)

De l'éducation en Angleterre et en Irlande. (Deux articles publiés dans la *Revue générale*; 1866.

Systèmes d'éducation comparés dans les îles Britanniques. (Ibid.); 1866.

La mortalité des enfants à Bruxelles. (Ibid.); 1866 et *Bull. de l'Acad.*, 2e série, t. XXII.

L'enseignement universitaire en Irlande. (Ibid.); 1866.

Les fermes-hospices dans les Flandres. (Ibid); 1867.

Un remède aux coalitions et aux grèves. (Ibid.); 1867.

Le prêtre hors de l'école ; 1867. 1 vol. in-12.

Rapport sur les mémoires reçus au concours de 1866 et au concours de 1867, en réponse à la question suivante :

On demande comment l'ouvrier peut s'aider lui-même (*self help*), et quelles sont les réformes et les institutions qui pourront contribuer le plus promptement et le plus efficacement à réparer, effectuer et consolider son bien-être et son indépendance. (Extrait du *Bulletin de l'Académie*, 1re, 2e série , t. XXI, 1866 et t. XXIII, 1867.)

La question ouvrière. Lecture faite à l'Académie à la séance de la classe des lettres, le 9 mai 1867. (Extrait du *Bulletin de l'Académie*, 2e série, t. XXIII.)

Assemblée générale des catholiques en Belgique. 3e session à Malines en 1867; 1868.

Misère et famine. (Extrait de la *Revue générale*); 1868.

La grève dans l'arrondissement de Charleroi. (Ibid.); 1868.

www.ingramcontent.com/pod-product-compliance
Lightning Source LLC
Chambersburg PA
CBHW070946280326
41934CB00009B/2020